地方制度改正大意
【昭和4年 第3版】

挟間　茂　著

地方自治法研究
復刊大系〔第二五二巻〕

地方制度改正大意〔昭和四年 第三版〕

日本立法資料全集　別巻
1062

信山社

地方制度改正大意

挾間　茂著

良書普及會發兌

昭和四年版

序

此の書は、地方自治體の自治權を擴充することを主眼として、今回地方制度に對して加へられた改正の要領を、簡單に解說したものである。自分は日頃かれこれと多忙であるに加へて、歐米諸國視察の途に就くべき日も目睫の間に迫つて來たので、今回は到底筆を援る暇はないと思つてゐたのであるが、是非にと勸められる向も少くなかつたのでお勸めに從ひ、悤忙の裡、一氣呵成に制度改正の大意を書き終つた譯である。從つて、說く所或は疎に失し、または推敲の時を得ずして肯綮を誤ることがないとも限らぬが、その邊は讀者諸君の諒恕を願ふことゝし、幸にしてこの小著に依り、制度改正の眞意義の幾分なりとも御紹介することが出來るならば、著者としては、それを以て大に滿足とする所である。

昭和四年五月九日海外出張の旅装忙はしき折柄

挾間茂

地方制度改正大意目次

地方制度改正大意

挾間　茂著

緒言

一　府縣制市制町村制等地方自治制度に關する基本法に對して、大正十五年に重要なる改正が加へられたことは、われわれの記憶に新なる所である。この改正の主限とする所は、公民權を擴張して地方議會に於ても普通選擧主義を實施せんとすること、及び事務の簡捷を圖り且自治權を擴張する爲め自治體に對する行政監督權の行使を緩和することとの二點に存したのであるが[1]、この改正ありたる後に於ても、地方自治運用の實際に照し、更に制度上改正を必要とする事項が少くないのみならず、殊に地方自治體の自治權を尚一層擴充し、普通選擧の實施と相俟つて彌々人民自治の理想の徹底に進まねばならぬと云ふ議論は、爲政者及實際家の間に於て盛に唱導せられつゝあつた所である。政府に於てもこの情勢と實際上の必要とに鑑み、從來主張して來た重要政策の一たる所謂地方分權の主義を實現すべき第一著手としては、先づ地方自治權の擴充を圖ることを最も必要且緊切なりと認め、(2)行政制度審議會に於ても此の案件を審議し、その要綱を決定するに至つたのである。(3)而して今回帝國議會の協賛を經、昭和四年四月十五日を以て公布せられた地方制度改正に關する諸法律は、この行政制度審議會の決定要綱を基礎として立案せられたものであるが、その内容に關する敍述を進むるに當つては、順序として、それが法律として公布せらるゝに至るまでの經過に付て一應の考察を費して置きたいと思ふ。

註(1) 大正十五年の改正は、本文掲ぐる所の外、地方議會の議員選擧に關する規定を根本的に改正し、地方自治體の機關の構成方法に付重要なる變更を加へたのである。

(2) 所謂「地方分權の意義」如何と云ふことは、第五十六議會に於ては大變八釜しい問題であつた。自分はこの問答が政治的に如何なる懸引があるか、乃至は重要な意義があるかと云ふやうなことに付ては、全然無關心であるが、地方分權と云ふ用語が如何なる意味を表示してゐるかと云ふことを單に行政學上の問題として考ふるならば、寧ろそんなことが議會で八釜しい問題と爲ることに不思議の感を抱くのである。謂ふまでもなく、地方分權と云ふことは中央集權に對應する觀念であつて、畢竟行政事務のうちで地方的性質を有するものは、中央政府に於て直接これを統制することなく、專らこれを地方行政廳の權限と責任とに於て管理せしめようとすることに外ならぬ。而して今日に於ける我が國の行政組織は、これを官治行政及自治行政の二大系統に分別せられるのであるから、所謂地方分權と云ふこともこの兩種の方面に於て存在する譯である。即ちこれを官治行政の範圍に於て見るならば、地方行政官廳の權限を擴張して、地方的國政事務の管理はなるべく之を地方行政官廳に一任することがそれであり、これを自治行政の範圍に於て見るならば、地方自治體の機能を充實して、自治運營の完璧を期すること、換言すれば地方自治權を擴充することがそれである。（否寧ろ地方自治に付ては、地方自治を認めることそれ自體が地方分權の大なる表現であり、從つてその自治體の權能を充實することは、この分權の旨趣を擴充する意味に於て地方分權の實現の一であると解すべきであらう。）

（3）　地方分權に關する行政制度審議會の決定事項中、自治權の擴充に關する事項は左の如くである。

左ハ要綱ニ依リ地方自治體ノ自治權擴充ヲ行フモノトス

甲　道府縣ニ關スル事項

（一）府縣ニ自治法規ノ制定權ヲ認ムルコト（二）府縣會ニ對シテモ議員相當數ノ贊成アル場合ニ於テハ府縣會ノ招集請求權ヲ認ムルコト（三）府縣會ノ會期ハ府縣知事必要アリト認ムルトキハ三日以内延長シ得シムルコト（四）府縣會議員ニ對シ相當ノ制限ノ下ニ府縣會ニ於ケル議案ヲ發案スルノ權ヲ認ムルコト、臨時府縣會ニ於テモ急施ヲ要スル事件ニ付テハ前項ニ準シ府縣會議員ニ發案權ヲ認ムルコト（五）府縣會ノ議決權限ハ相當之ヲ擴張スルコト（六）府縣會及府縣參事會ヲシテ府縣ノ公益ニ關スル事件ニ付主務官廳ニ意見書ヲ提出スルコトヲ得シムルコト（七）所謂原案執行權ハ特ニ必要ナルモノヲ除クノ外之ヲ認メサルコト（八）府縣知事ノ府縣會停會權ヲ廢スルコト（九）府縣會ノ權限ニ屬スル事項ハ其ノ議決ニ依リ府縣知事ニ於テ專決處分セシメ得ルコト、スルコト（十）國有ノ土地家屋物件（公用又ハ公共ノ用ニ供スルモノヲ除ク）ニ相當交付金ヲ交付スルコト（十一）府縣債ニ付不要許可ノ範圍ヲ擴張スルコト（十二）府縣ノ徴收スル使用料ハ特ニ主務大臣ノ許可ヲ受ケシムルコトヲ必要トスルモノヲ除クノ外之ヲ不要許可トスルコト（十三）内務大臣ノ府縣豫算削減權ヲ廢スルコト（十四）北海道ニ關シテハ北海道制ヲ制定シ府縣ニ準シテ處置スルコト

乙　市町村ニ關スル事項

（一）市町村會議員ニ對シ相當ノ制限ノ下ニ市町村會ニ於ケル議案ヲ發案スルノ權ヲ認ムルコト、市參事會員ニ對シテモ前項ニ準シ市參事會ニ於ケル議案發案權ヲ認

ムルコト（二）市町村會ヲシテ市町村ノ公益ニ關スル事件ニ付主務官廳ニ意見書ヲ提出スルコトヲ得シムルコト、市參事會ニ對シテモ前項ニ準シ意見書ヲ提出スルコトヲ得シムルコト（三）市參事會ハ議長及名譽職參事會員ノミヲ以テ組織スルコト、シ市長ハ議長トシテ市參事會ノ組織ニ加ハラシムルコト仍之ニ關連シテ名譽職參事會員數ハ相當增加スルコト（四）市長ヲ名譽職ト爲シ得ル途ヲ開クコト（五）所謂原案執行權ハ特ニ必要ナル事項ニ關スルモノヲ除クノ外之ヲ認メサルコト（六）市町村會ノ權限ニ屬スル事項ハ其ノ議決ニ依リ市町村長ニ於テ專決處分セシメ得ルコト、スルコト（七）市町村長ニ國府縣其ノ他公共團體ノ事務ヲ委任シ得ルハ將來法律勅令ニ限定スルコト（八）國有ノ土地家屋物件（公用又ハ公共ノ用ニ供スルモノヲ除ク）ニ相當交付金ヲ交付スルコト（九）市町村水利組合ノ制限外課稅許可權ハ府縣知事ノ職權ニ屬セシムルコト（十）市町村債ノ許可權ハ特ニ主務大臣ノ許可ヲ受ケシムルコトヲ必要トスルモノヲ除クノ外府縣知事ノ權限ニ屬セシムルコト（十一）市町村ノ徵收スル使用料ハ特ニ主務大臣又ハ府縣知事ノ許可ヲ受ケシムルコトヲ必要トスルモノヲ除クノ外之ヲ不要許可トスルコト（十二）市町村ノ徵收スル手數料及加入金ハ不要許可トスルコト（十三）市町村ノ爲ス寄附補助ハ不要許可トスルコト（十四）市町村條例ノ許可權ハ特ニ內務大臣ノ許可ヲ受ケシムルコトヲ必要トスルモノヲ除クノ外府縣知事ノ權限ニ屬セシムルコト（十五）特別都市ニ關スル制度ヲ設クルコト（十六）北海道ニ町村制ヲ施行スルコト（特例ヲ認ムヘキ

事項ハ勅令ヲ以テ之ヲ定ム)(十七)町村ノ併合又ハ組合ヲ勸奬スルコト

二　自治權の擴充を目的とする地方制度改正の諸法律案は、地租及營業收益税委讓に伴ふ地方税制整理に關する諸法律案と共に、兩者相關連する法案として第五十六議會の劈頭に提案せられ、相併んでその審議が進められたのである。從來、地方税に關する法律は、地方自治に關する基本法たる府縣制市制町村制等とは或る意味に於て全く獨立して構成せられてゐたのであるが、今回兩税委讓に伴ひ地方税制整理の法案をたて、また一面自治權擴充の爲地方制度に改正を加ふるに當りては、兩法案は相互に相關連すべきものであり、地方自治體の課税權の基く所は、各種自治權の基礎を規定してゐる法律中に之を收め、地方税法はこれを受けて各種地方税の課税客體、課税標準、納税義務者、課税方法等を規定するを適當と認め、この方針の下に今回の地方制度改正諸法律案は立案せられてゐた爲、同法案中には兩税委讓を前提とする幾多の條項を存したのである。(4)　然るに兩税委讓問題は、衆議院は波瀾重疊の後兎も角も多數を以て通過したが、貴族院に於てはその審議遲々として進まず、遂に議會最終日の前日に至り、兩税委讓に關する法案の特別委員會は、「會期餘す所僅に一日であるにも拘らず審議すべき事項はまだ澤山殘つてゐるので、このまゝ審議を進めても到底これを議了することは困難である」と云ふ理由の下に、その審議を休止する旨を宣言し、ここに兩税委讓問題は、今期議會に於ては審議未了に終るべきこと明瞭なるに至つた。於是、兩税委讓法案と相關連する地方制度改正諸法律案を如何に取扱ふべきかに付て、解釋上稍困難なる問題を惹起するに至つたのである。

而して貴族院に於ける地方制度改正法律案の特別委員會に於ては、此の問題に關し、地方制度改正法律案中より兩税委讓に關する條項を削除して同法案を可決すべしと爲す積極説と、兩税委讓問題が貴族院に於て可否を決せらるゝまでは、これを前提とした條項を含む地方制度改正法律案も亦その審議を保留しなければならぬとする消極説とがあつて互に相讓らなかつた。その兩説の主張を見るに、消極説を支持する者は今回の地方制度改正案は、所謂自治權擴充を目的とする法案であつて、この點に於てはこれを可決すべきものであると考へるが、同時にこの法案には兩税委讓を前提とする條項がある。(5) 從つて今本委員會がこの法律案中より兩稅委讓に關係ある條項を削除し、他の改正條項のみを可決するとすれば、本委員會が審議の結果、兩稅委讓に反對である旨の意思決定を爲すことと爲るが、之は別に兩稅委讓に關する委員會が設けられ、その審議を進めつゝあるに對し、極めて不穩當のことである。或は兩稅委讓問題が貴族院に於て審議未了と爲るべきことは、既に明々白々であるから、この事實に基き本委員會に於て兩稅委讓に關係ある條項を削除し、地方制度だけは之を通過せしめても、何等の不都合も生じないと云ふけれども、それは單なる豫想に過ぎないのであつて、斯かる推測を基礎として兩稅委讓に關係ある條項を決定的に削除すると云ふことは、許すべからざることである。のみならず、元來議會の勢と云ふものは全然逆睹し得べからざるものであるから、萬一今日に於て豫想し得べからざる事實の發生に依り、兩稅委讓案が可決せられるやうなことがあつたならば、一體本委員會の決議は如何なることになるであらうか。兎も角、兩稅委讓に關する根本問題が最終の決定を見ざる今日に於て、本委員會が當該條項を地方制度改正案中より削除すると云ふことは、到底爲し能はざることであると云ふのであつたが、これに反し積極說を支持する者の主張する所を見るに、成程兩稅委讓問題はいまだ貴族院に於て最終の決定を見ないけれども、それが爲地方制度改正案までが、兩稅委讓に關係ある條項を包含するの故を以てこれと運命を共にしなければならぬと云ふべきでない。兩稅委讓に關する法案の特別委員會は、同法案は到底本會期中に審議の結了を見難いと思ふから、審議は本日を以てこれを休止する旨を宣言し、且最終日たる明日も委員會を開會せざることに決定したのであるから、この法案が今期議會に於て審議未了に終るべきことは、決して不確定なる事實に對する單なる豫想に非ずして、最早普通の經過に於ては豫斷し得べき事實である。この事實を基礎とし、地方制度改正案中より、兩稅委讓に關係ある條項を削除して原案を可決することは、まことに適當なる議事の進行方法であると考へると云ふのであつた。

斯くの如くにして、積極消極の兩說にはその何れにも一應の理由が存するのみならず、斯樣な場合に對し、如何なる措置を採るべきであるかと云ふことに付ては未だ全く先例がない爲め、今回の委員會に於て採るべき方針が、畢竟今後に於ける議會の先例となる譯であるから、委員會に於けるこの點に關する論議は互に相讓らず、全くその歸一する所を見なかつたのであるが、裁決の結果一人の多數を以て積極說可決せられ、斯くして地方制度改正に關する諸法律案は、兩稅委讓に關係ある條項を削除し、これを通過せしむることゝ爲つたのである。

註（4）　現行の地方制度に關する法規のうち地方稅に關する規定はかなり錯綜してゐる。即ち課稅權、納稅義務者、課稅客體に關する總則的規定は府縣制市制町村制等に存するが、地方稅中の主要なる獨立稅に關しては別に法律を以て之を定め、この兩種の法律は各々地方稅の賦課徵收に關する細則は勅令を以て定むべきものとし、この授權に依つて相獨立せる二つの勅令が存すると云ふやうな狀態である。　法規を以て最も一般民衆の理解に便ならしめんが爲には、地方制度中に於て最も複雜なる公課に關する規定は、寧ろこれを全く獨立の法律に統一して規定するのも一策であらうと思ふが、それは仲々手數を要する所である。　然し現行規定と全く同樣の形式を以て、將來地租營業稅が地方稅と爲つた場合、少くともその課稅權の基礎だけはこれを地方制度の基本法たる府縣制市制町村制等に設け、地方稅法はこの基本法に認められたる主要なる獨立稅の實體を規定するものたらしめ、これに依り兩者の間に連絡統一を求めんとしたのである。

（5）　例へば府縣制改正案中には府縣稅として賦課することを得べき稅種並新制度に依る府縣費分賦に關する規定を設け、市制町村制改正案中には市町村稅として賦課することを得べき税種中に、新に地租家屋税等を加へたるが如きはその一例である。

三　斯様にして相當の迂餘曲折を經はしたものの、兎も角も地方制度改正の諸法律案は兩院を通過し、今年四月十五日法律第五十五號乃至第五十九號として公布せらるゝに至つたので、これに附屬する諸種の命令の改正又は創定を待ち施行の運びに至るのであるが、然らば今回の自治權擴充を主眼とする地方制度の改正とは、果して如何なる内容を含んでゐるのであるか、今その要綱を約言すれば概ね左の五種に分類することを得ると思ふ。

(1)　積極的に自治權を擴張せんとする改正條項、(例へば府縣自治體に府縣條例制定權を認め、または府縣會議員、市町村會議員、府縣參事會員、市參事會員に議案の發案權を認むるが如し)

(2)　消極的に自治權を保障せんとする改正條項、(例へば所謂原案執行を認むる範圍を制限し、または許可事項を整理するが如し)

(3)　自治機關の構成を合理的ならしめんとする改正條項、(例へば市參事會の組織を變更し、または市町村長等の選擧選定に關する規定を補充するが如し)

(4)　自治事務の內容及その執行を合理的ならしめんとする改正條項(例へば府縣會、市町村會等の會期延長を認め、府縣會市町村會等に於ける選擧方法を變更し、または市町村吏員に對する國政事務等の委任を爲すは將來法律勅令に限ることゝするが如し)

(5)　前四號に該當せざる二三の改正條項

改正の內容は概ね右の五項に盡きてゐる。依りて以上の分類方法に從ひ、今回の改正條項の內容に付てこれから略述しようと思ふ。

仍ほ解說を進むるに先立ち御諒解を得て置かなければならぬことは、今回の地方制度改正に於ては、府縣と北海道とは殆んど同一に取扱つてゐるのであつて、府縣制に於て改正せられた條項は、概ね北海道に付ても準用されることに爲つてゐる。それ故にこれから解說を進める際に、特に北海道に付て別段の解說を加へないならば、府縣に付て改正せられた條項は、總て北海道に付ても改正せられたものであると御諒解を願ひたい。

第一　積極的に自治權を擴張せんとする改正條項

地方自治權を擴充せんが爲には、先づ第一に地方自治體の有する自治權の範圍を積極的に擴張しなければならぬ。今回の地方制度改正が自治權の擴充を圖るに出でたことは、既述した通りであつて、この趣旨に基き今回の改正法中には、議員の議案發案權をはじめ、諸種の重要なる積極的自治權擴充に關する條項が包含されてゐるのである。

A　府縣條例制定權

一　府縣條例とは、府縣の自治法規卽ち府縣民に對しその權利を制限し義務を命ずることを得る規定を總括した名稱である。從來の地方制度に於ては、市町村自治體に對しては市町村條例制定權を認めてゐるが、府縣自治體に對しては、一般的自治法規制定權卽ち條例制定權を付與するやうな規定を設けず、只市制町村制に於て特に市町村條例を以て規定することを必要としてゐるやうな事項に付てのみ、府縣會の議決を經て之を定むべきものとしてゐたのである。これが爲め法規を嚴格に解する者は、府縣には一般的自治法規の制定權は認められざる所である。然しながら、地方自治體としての府縣を認め、これに自治權を付與してその管內に於ける地方的公務を處理せしむる以上、その事務處理に必要なる限度に於て一般的自治法規制定權(條例制定權)を認むるの要あることは當然のことである。從つて將來自治權を擴充せんとするに當りては、必ずや府縣に對し府縣條例の制定權を付與しなければならぬと論じ、また法規を便宜的に解釋して實際上の必要に應ぜしめんとする者は、府縣が地方自治體である以上、別に法律を以て自治法規制定權あることを規定せずとも、府縣の權能に屬する事項に關する限り、管內人民を拘束すべき法規を定め得ることは、自治權の本質に鑑み當然のことであり、之が爲必ずしも敢て積極的授權の規定を必要とするものでないと論じてゐた。

惟ふに地方自治體をして廣くその管內に於ける地方的公務を管理せしむるこ

とゝする以上、それに自治法規制定權を付與するの必要あるは蓋し當然のことであるのみならず、殊に市町村に對しては既に市町村條例制定權を認めてゐるに拘らず、獨り府縣に對してのみ一般的自治法規制定權を付與しないと云ふことは、何等理由のないことであると謂はねばならぬ。然しながらそれが爲、府縣は地方自治體であるが故に、自治法規制定權を有することは、法の規定を俟たずして當然であると論ずるのは、成文法の解釋としては首肯し難い所である。何となれば、現行法制の下に於ては、地方自治體が法律上の人格を有し法律に從ひ自治的活動をなし得るは、一に自治法制の存在に俟つものであり、從つてその自治體の享有する自治權の範圍も亦法律の規定に依りて定まるべきものであるからである。(1) かやうにして府縣自治體の一般的自治法規制定權に付ては、現在成文法の解釋としてはこれを消極的に解すべきものであると認めらるゝのみならず、假りにその積極説を支持せんとしても、それには幾多の疑義を存し有力なる反對論と戰はなければならぬ譯であるから、今回地方制度の改正を爲すに當りては、府縣制に於て明文を以て、府縣に對し府縣條例制定權を認むることゝしたのである。

註(一)　現行法の下に於ては條例の制定權は認められてゐない。而して事項の性質上條例を以て規定すべきやうなものは府縣會の議決を經て府縣知事が定めることになつてゐるが、その形式として今日「府縣令」に依るものが少くない。然しながらこの府縣令は形式が府縣令と名付けらるゝのみであつて、それは決して行政命令たる性質を有するものでなく、單なる自治法規である。從つて今日これに行政命令に於てのみ規定し得るやうな事項、例へば拘留科料を科する規定を設けてゐるものもあるが、それは固より違法である。

二　今回の改正法に於て新に認められたる府縣條例制定權は、前述せる如く、府縣自治に關し法規を制定し得る權能であつて、その內容範圍等は市町村に於ける市町村條例制定權と全く同一である。たゞ府縣制第三條ノ二第一項は「府縣ハ府縣條例ヲ設クルコトヲ得」と規定するのみであつて、市町村條例に付て「市町村住民ノ權利義務又ハ市町村ノ事務ニ關シ」設くるものなることを明示してゐるのとその趣を異にしてゐるが、それは畢竟、自治體の設くる「條例」とは所謂自主權に基いて設くる法規であつて、これに依り、自治體はその構成員に對し、自治事務に關する限りに於て權利を制限し又は義務を命ずることを得ると云ふことは、既に地方自治に於ける一種の法的確信を以て社會一般に認識せられてゐる所であるから、今回府縣制に於て府縣條例制定權を規定するに當りても、殊更府縣は府縣條例に依り、如何なる內容範圍に付て規定を設くることを得るものであるかと云ふことを、明示するの必要はないと云ふ理由に於て、府縣條例に付ては、別段之に依り規定することを得べき內容を示さなかつたのである。

更に現行市制町村制に於ける市町村條例の內容に關する規定を檢討するに、それは「市町村住民ノ權利義務又ハ市町村ノ事務」に關して設け得るものとせられてゐるが、この規定の內容に付ては相當の疑義を存する。少くとも自分一個の考へとしては、先づ第一にその所謂市町村住民の權利義務に關する事項と、所謂市町村の事務に關する事項とは、相對立し相併存するものであるかどうかと云ふことに疑問を持つものである。

元來市町村の事務なる觀念は、現行市制町村制の下に於ては極めて廣義に解せられてゐるのであつて、市町村自治體の權能に屬する一切の事項を包括するものと信ずる。それ故に市町村がその自主權に基いて設け得る法規が、所謂市町村の事務の範圍を逸脱してそれ以外の事項に及び得ると解することは出來ない。卽ち市町村條例を以て規定し得る範圍は、市町村の事務に限ると解して何等差支ない譯である。

然らば現行法は何故に市町村條例の內容を規定するに當り、更に市町村住民の權利義務に關しても之を設け得るものと定めたか、自分一個の解する所では(それは或は自分の誤解獨斷であるかも知れないが)この條例に關する規定は極めて不出來であつて、この條項に「市町村ノ事務」と「市町村住民ノ權利義務」とを併べたのは、決して相獨立せる二種の條例を認めんとする趣旨に非ずして、それは畢竟一面に於ては住民の權利を制限し義務を命ずるが如き自治法規たる性質を有する規定は市町村條例の形式を以てのみ定め得べく、而してその條例を以て規定し得る範圍は市町村の事務の全般に涉り得ることを表示せんとしたものである。市制第十二條第一項及町村制第十條第一項の規定の精神は以上の如き旨趣に存するものと考へてゐる。換言すれば同條はその前段を以ては、市町村條例なるものは法規たる性質を有し得るものなることを明にし、その後段を以ては、市町村條例に依り規定し得べき事項の範圍を表示したものであると考へる。以上の解釋は法文の文理解釋としては極めて不忠實であるかも知れないが、斯く解することに依りてのみ現行市制町村制の立法的妥當性が維持せられるものであると考へるのである。第二には條例が法規たる性質を表示するに「市町村住民ノ權利義務」に關して規定し得るものと定めたことは必ずしも完全でないやうに考へる。それは市町村は所謂地域團體であつて、その自治權には領土的支配權的性質があり、從つて自治權の一權能たる自治法規制定權にもその屬性の存することは當然である。それ故に市町村條例がひとり市町村住民(卽ち市町村內に住所を有する者)の權利義務のみに付て規定し得るものと限定するのは當を得てゐないのではあるまいか。卽ち自治法規の效力は團體構成員の總てに及ぶものと謂はなければ、その法律的性質を完全に表示したものでないやうに考へる。

斯様にして現行の市制町村制に於ける市町村條例の法律的性質に關する規定は、極めて非論理的であり徹底を缺いてゐる。が、然しながらそれにも拘らず社會一般の法律意識に於ては、この法文を離れ、條例と稱する自治法規は如何なる性質を有するものであるか、また如何なる內容を規定し得るものであるかに付て、正確なる法的概念が構成せられてゐるのである。それ故に、今新に府縣條例に關する規定を設くるに當りても、强ひてこの疑義多き市制町村制の用語を踏襲するの必要なく、さりとて多年用ゐ來りたる市制町村制の規定に變更を加ふるの必要もなく、結局府縣條例の性質如何に付ては、社會一般のこの法的確信を基礎とし、殊更その內容範圍を明示せざることにしたと云ふのが、恐らく改正法に於ける府縣條例に關する規定のしかく簡單にせられた理由ではあるまいか。

註(2)　市制第十二條第一項及町村制第十條第一項を本文の如く解することには自分も餘程獨斷的な考へが手傳つてゐるやうに思つてゐるが、どうも、左樣に解することが一番合理的であると考へる。然しこの解釋に付ては勿論反對論が少くない。例へば市制町村制正義の如きは、住民の權利義務に關する條例と、市町村の事務に關する條例とを併立せしめて認めるやうな解釋を採り、「住民ノ權利義務ニ關シトハ一般的ニ市町村ト其ノ住民トノ間ニ生スル權利義務ニ關スルノ謂ニシテ例ヘハ民勢調査ノ爲住民ニ申告ヲ命スルカ如キ營造物使用者ノ資格ヲ定ムルカ如キ場合是ナリ」、「市町村ノ事務ニ關シトハ市町村ノ公共事務ノ義ニシテ市町村ハ固有事務ニ付テノミ條例ヲ以テ規定スルコトヲ得ヘク委任事務ニ付テハ條例ヲ制定スルヲ得ス」と云

つてゐるが、自分はこの解釋に付ては殆んどその了解に苦しむ。

三　上述の如く府縣は府縣の事務に關し府縣條例を制定することを得ることと爲つたのであるが、この府縣條例制定に關しては、左に揭ぐるやうな二三の事項に注意せねばならぬ。

(1)　第一は府縣條例を以て規定し得べき範圍如何の問題であるが、この點に付ては先程も述べた通り、苟も府縣自治體の事務に關する限り府縣條例を以て規定し得る譯である。而して府縣の事務と云ふのは、獨り府縣の公共事務のみに限らず、府縣自治體に對し委任せられたる國家事務等所謂委任事務をも包含すべきは勿論である。前揭註(2)にも引用した通り市制町村制正義の如きは、市町村條例を以て規定し得べきは市町村の公共事務に限ると解してゐるけれども（同書二二一頁、）何故にこれを公共事務のみに限定すべきものであると解したのか、その了解に苦しむ所である。謂ふまでもなく、所謂委任事務と雖も自治體にその管理を委任せられた以上、自治體はそれを自己の事務として處理するものであつて、この點に於ては公共事務と別段區別すべき理由を存しない。而して自治法規は卽ち自治體がその事務を處理する必要に基き制定するものであるから、これを公共事務に付てのみ認めて委任事務に認めないと云ふことは、理路の一貫を缺くと云はなければならぬ。

(2)　第二は府縣條例は府縣の事務に關してのみ設け得るのであるから、府縣條例を以てすれば府縣民の權利を制限しまたはこれに義務を命ずることを得ると云ふも、それは府縣自治體の事務に關する範圍内に於てのみこれを爲し得るのであつて、府縣の自治機能の範圍外に渉り、團體民に對し權利を奪ひ義務を課するが如きことを、府縣條例を以て規定し得ないことは事理の當然であると云ふことである。(この意味に於ても現行市制町村制に於ける條例の性質に關する規定は、兩々相俟ちて條例の範圍と内容とを明示したものであると解するのが妥當である)

(3)　第三は府縣條例と法律命令との關係である。元來府縣條例は法規たる性質を有するものであるけれども、府縣が條例を制定し得る權能は法律の規定に基いて發生してゐるのであるから、府縣條例の規定が法律の規定に牴觸することを得ないのは當然である。然しながら命令と府縣條例との關係に至りては問題は必ずしもしかく簡單でない。卽ち命令のうち法律の委任に依りて、特定事項に關して制定せられるものに付ては、法律が自ら規定すべき事項を命令に讓りて規定せしむるものであるから、その內容に府縣條例の規定が牴觸し得ないことは、これまた法律に對する關係と同樣に見て差支あるまいと思ふが、法律の委任に依つたものでない所謂獨立命令に付ては、府縣條例と全くその基く所を等しうするものであるから、そこに多少の疑義を存すると思ふけれども、命令は兎も角も國家意思が直接表現せられたものであり、府縣條例は國家意思の委任に依り、地方自治體が法規の內容たるべき事項を規定するに過ぎないのであるから、此の場合に於ても矢張り府縣條例は命令に牴觸することを得ずと謂はなければならぬであらう。斯樣にしてその理由とする所にはそれぞれ相異を存するが、結局府縣條例は法律命令の規定に牴觸することを得ずとの結論に到達するのであると考へる。

(4) 府縣は府縣の事務に關する限り廣く府縣條例を設けることが出來るが、然しそれは必ずしも將來府縣の事務に關する事項は一切條例を以て規定しなければばならぬと云ふのではなく、府縣事務に付ては條件を制定する能力ありと云ふ權能を認めんとするに外ならぬ。同時に府縣の事務に付府縣民の權利義務に關する事項は、總て府縣條例を以て規定しなければならぬけれども、固より府縣條例を以て定めるものは府縣民の權利義務に關する事項に限ると云ふのではない。畢竟府縣は府縣の事務に付ては廣く府縣條例を設けることが出來るが、そのうち府縣民の權利義務に關するものは、府縣條例を以て規定しなければならぬと云ふ譯である。

斯樣にして、府縣制は、府縣に對し府縣の事務に付ては廣く府縣條例を制定し得ると云ふ一般的權能を認むると同時に、特殊の事項に付ては、必ず府縣條例を以て規定しなければならぬものとし、これを府縣制竝にその附屬命令中に列擧してゐるのである。(3)

註(3)　府縣制及その附屬命令に於て府縣條例を以て規定すべきものとせらるべき主なるものを擧ぐれば、概ね左に揭ぐるやうなものであらう。

一　各選擧區に於ける府縣會議員の定數(改正法。府縣制五・2)

二　府縣に於ける委員の設置竝その組織、選任、任期(同前七七)

三　有給府縣吏員の給料額、旅費額及其の支給方法(同前九三)

四　府縣名譽職員の費用辨償額及其の支給方法(同前九四・2)
五　有給府縣吏員の退隱料、退職給與金、死亡給與金、遺族扶助料及其の支給方法(同前九五)
六　使用料手數料及府縣税の賦課徵收(同前一〇〇)
七　使用料又は府縣税の逋脱等に關する罰則(過料)(同前一一四・1 2)
八　財產營造物の使用に關する罰則(同前)
九　三部經濟府縣に於ける府縣會市部會郡部會の議決事件の分別(府縣制施行令四九)
十　三部經濟府縣に於ける市部郡部の分擔及收入割合(府縣制施行令五一)

四　府縣條例制定の手續　府縣條例制定の手續は、市町村條例制定の手續と大要同一である。卽ち府縣條例は府縣自治體の決定意思であるから、府縣會の議決を經なければならぬことは謂ふまでもない。(改正法・府縣制四〇・第一號)　而して府縣會の議決を經たならば、それで直ちにそれが府縣の意思として決定するものなることは、市町村條例に於けると同樣であり、これに對し何等府縣知事等に於て手續を加ふるの必要はない。只府縣條例と市町村條例との大なる相異は、市町村條例は斯くの如くにして市町村會の議決を經た後、監督官廳の許可を受けなければ(改正法・市制一六七、町村制一四七)自治法規として完成しないけれども、府縣條例はその制定に付監督官廳の許可を必要としないのであるから、(特殊の條例に付、特別法を以て監督官廳の許可を要するの特例を設けるものは自ら別問題である。)(4)府縣條例は、府縣會の議決を經さへすればそれで府縣條例としての內容は終局的に確定すると云ふ點である。府縣條例は府縣會の議決を經たならば、一定の公告式に依りこれを告示しなければならぬ。(改正法・府縣制三ノ二・3)而して告示せられた條例が何時より施行さるべきかは必ずしも一定してゐるに非ずして、若し條例中に施行期日を定めたものがあれば、その施行期日より、條例に規定せられたる內容の性質上自ら施行時期が定まるべきものはその施行時期より、また何等かゝる事情の存せざるものに付ては恐らく告示の日より施行せらるべきものであると解するの外ないであらう

註(4)　府縣條例に付ては府縣會の議決を經るのみを以て足り、別に內務大臣の許可を要せねことゝ爲つてゐるが、特殊の事項に付てはこれに關する條例に付內務大臣の許可を要するものとすることがあるであらう。　例へば所謂三部經濟組織の府縣に於て、府縣會、市部會及郡部部會の議決事件の分別及府縣費に對する市部郡部の分擔及收

入の割合の如きは府縣條例を以て定むべきものであらうが、これ等の事項に關する條例は從來の沿革に徴し、また實際上の重要性に鑑み、特に內務大臣の許可を要するものとするのが適當ではあるまいか。

五　改正法に於ては、府縣に對し府縣條例制定權を認むると同時に、府縣は營造物に關し、府縣條例を以て規定するものの外府縣規則を設け得ることを認めたのである。然しながら、府縣規則と云ふのは營造物規則に外ならないのであつて、府縣制中に特に府縣規則設定に關する規定なくとも、府縣自治體の有する營造物管理權に基きその管理規則を定め得ることは當然であるから、府縣條例に於けると異り、必ずしも營造物に關し府縣規則を定め得ることを、新に規定しなければならぬと云ふ法律上の必要は存しないのである。只現行市制町村制に於て、市町村條例と相列んで市町村規則の制定權を認め、兩者の關係を規定してゐることに鑑み、新に府縣に對し府縣條例制定權を認むるに當りても、この市町村に於ける先例を踏襲し、府縣條例の外、府縣の管理する營造物に對しては、その管理權に基き府縣規則と稱する管理規程を定め得ることとしたのである。（改正法・府縣制三ノ二・2）

斯様にして府縣規則は、その法律的性質は營造物管理權に基いて定めた管理規程であつて、法規たる性質を有するものではない。從つて府縣の營造物に關する事項であつても法規を以て定むべき内容を有するものに付ては、府縣條例を以て規定しなければならないのであつて、府縣規則と云ふのは、結局營造物に關する事項にして府縣條例を以て定めなければならぬもの以外の事項に付て設くる規定に外ならないのである。(5)

營造物規則も亦府縣自治體の意思表示に外ならないのであるから、府縣會の議決を經なければならぬ。而して府縣會の議決を經たならば、之に對し監督官廳の許可を要せずして府縣の意思は完全に確定し、府縣規則と爲るのである。只それが外部に對し效力を發生するには、府縣條例に於けると同樣一定の公告式に依り之を告示しなければならないのである。(改正法・府縣制三ノ二・三)

註(5)　府縣規則は法規たる性質を有しないのであるから、府縣規則を以て府縣民の權利を制限しまたはこれに義務を命ずるやうな規定を創設することは出來ない。但し營造物使用者に對し特定の義務を命ずるが如きは、府縣規則を以ても規定することが出來るのであるが、それは營造物使用者が自己の自由意志に基き營造物使用と云

ふ特別の法律關係に入ることを承諾し、その承諾を基礎として管理者に於てこれに特定の義務を命ずることを規定するのであるから、新に義務を命ずると云ふ所謂法規たる性質を有するものではないのである。

六　北海道に付ても北海道條例の制定權を認め、また營造物規則は府縣規則の形式を以て定むべきことに改正せられたことは、府縣に付府縣條例制定權及府縣規則の設定を認めたと全く同一である。元來北海道に關してはそれが地域團體なりや否やに付て論議せられたこともあり、また現に北海道の法人としての法律的性質は、府縣の如くこれを地方團體と云ふことを得ずと論ずる者もあるやうであるけれども、自分は北海道の地域を構成要素とする地域團體の存することには疑を存しないと思ふ。成程現行法は北海道地方費を以て法人と爲すが如き取扱をしてゐる關係上、それは地方團體に非ざるが如く考へられるのであらうけれども、それは全く法規の形式に過ぎないのであつて、社會生活乃至法律生活の現實に立脚して見るならば、獨り北海道のみが地域的公共團體に非ずして、地方費と稱する財團的公共團體であると云ふ考へには、到底首肯することを得ない所である。

畢竟、北海道も亦その地域を客體とする地方團體であることは府縣自治體と同様であるが、現行法は場合に依り、これを或は北海道地方費なる名稱を以て指し、または北海道と稱してゐるのであつて、その實體は如何なる場合に於ても、北海道の地域を客體とする地方團體と解すべきであらう。

それ故に今回の改正に於て條例規則の制定權を認むるに當りても、これを北海道地方費法に規定したのは、同法に於て北海道地方費なる名稱を以て表示する地方團體にこの權限を付與すると云ふ趣旨であると思ふ。而してその名稱を特に北海道地方費條例又は北海道地方費規則と云はなかつた所以のものは、畢竟それは北海道を區域とする地方團體の定むる條例及規則なることを表示すれば足るからである。（改正法・北海道地方費法八ノ三）

B　府縣會招集請求權

一　改正府縣制に依れば、府縣會議員に對しても府縣知事に臨時府縣會の招集請求を爲し得る權限が認めらるゝに至つた。（改正法・府縣制五一・i）従來の規定に依れば市町村會議員に對してのみ市町村會招集請求權を認め、(市制五一・i、町村制四七・i)府縣會議員に對してはこの權限を認めなかつたのであるが、改正法に於ては地方議會の議員に對し地方議會の議案發案權を認むることゝ爲つたので、この權能の行使を保障する爲めには、議員に對し議會招集請求權を認むるの必要がある。何となれば、一方に於て議員に議案發案權を認めても、その必要に應じ議會の招集を請求し得るの權を認めなければ、結局府縣會議員に付與された發案權は、府縣知事に於て自發的に招集した府縣會に於てでなければ行使出來ないことゝ爲る。それ故に改正法はこの發案權と對應せしむる爲、府縣會議員に對しても、臨時府縣會の招集請求を爲し得る權限を付與したのである。(1)

註(1) 從來市町村會議員に對しては市町村會招集請求權を認めてゐたが、この招集請求權も市町村會議員に於て發案權を有する事項を會議する市町村會に限られてゐたのである。

二 府縣會議員の府縣會招集請求權に付ては左の二三の事項に付ては注意することを要するであらう。

(1)　府縣會議員に於て招集を請求し得るものは臨時府縣會に限るのである。蓋し通常府縣會は府縣制の規定に依り毎年一回を限りて招集せらるべきものであり(府縣制五〇・2)、且通常會に於ては府縣の歳入出豫算其の他府縣會の權限に屬する一切の事項に渉り會議し得るものであつて、招集請求權の性質上通常會にまで及ぶべきものでないからである。

(2)　府縣會議員の府縣會招集請求權は、府縣會議員に於て發案權を有する事項を會議すべき場合に付てのみ認められるものであることは招集請求權が發案權と關連して認めらるゝに至つたことから考ふれば當然のことである。それ故に追加豫算の提出を爲すべき臨時府縣會の招集を請求するが如きは、無權限の行爲であつて、府縣知事はこれに依り全然拘束を受くることはない。

(3)　臨時府縣會の招集請求は議員單獨ではこれを爲すことを得ないのであつて、法律は議員定數の三分の一以上よりこれを爲さなければならぬことゝしてゐる。蓋し合規の請求がある以上府縣知事は臨時會招集の義務を負ふことゝ爲るのであるから、相當數の議員に於て臨時會招集の必要を認めた場合に限定することは、權限の濫用を防止せんとする意味に於て必要な制限である。

(4) 招集請求を爲す場合には、その會議に付すべき事件を示して之を爲さねばならぬ。何となれば、府縣知事はその招集請求が果して議員の發案權に屬する事項を議せんとする適法のものであるかどうかと云ふことを、その會議せんとする事件に基いて審査しなければならぬのみならず、臨時會を招集する場合には、府縣知事は豫め會議に付すべき事件を告示しなければならぬからである。(改正法・府縣制五一・5)

三 市町村會議員は前述の通り市町村會の招集請求權を認められてゐたのであるが、現行規定に於てはその招集請求には必ずしも會議に付すべき事件を示す必要がなかつたのである。然しながら改正市制町村制に於ては市町村會議員に一般的發案權を認むることになつたので、招集請求のあつた場合に、市町村長に於て果してその招集請求は議員の發案權に屬する事項を議せんとする適法のものであるか否かを調査するの必要あると同時に、一面に於ては、議員より發案せんとする事件に付豫め他の議員をして調査せしむる餘裕を與ふる爲、市町村會招集の

請求と同時に會議事件の告知を爲すの必要があるからである。(2)

註(2)　市制第五十一條第三項、町村制第四十七條第三項の規定中招集の告知は、議員の招集に基く場合たると否とに拘らずこれを必要とするが、會議事件の告知は、議員に於てその發案權の屬する事項に付招集を請求した場合には、その必要がないと云ふのが從來の解釋であり、自分もまた曾ては左樣解してゐたのであるが、今回市制町村制の同條第一項の改正に伴ひ、この規定の解釋は變更せらるべきものであつて、卽ち議員の招集請求ありたる場合に於ける市町村會の招集に付ても、招集の告知と同樣、會議事件も亦これを告知しなければならぬと考へる。この意味に於て從來自分のとり來りたる解釋も亦これを變更するを適當と認めてゐる次第である。

四　府縣參事會員は從來と雖も府縣參事會の招集請求を爲すことを得たのであるが、然し從來の規定に依れば參事會員半數以上の請求ありたる場合に於て、府縣知事がその招集請求に相當の理由ありと認めたときに限り、參事會を招集すべきものとしてゐたのである。然しながら改正法に於ては府縣參事會員に對しても、府縣會議員同樣參事會に議案を發するの權を認めらるゝことゝ爲つたので、參事會招集の請求があつても、府縣知事の認定如何に依りこれを招集しないでもよいことゝするのは、發案權を認むることを充分保障する所以でないから、改正法に

法律学の森

潮見佳男 著（京都大学大学院法学研究科 教授）

新債権総論Ⅰ

A5変・上製・906頁　7,000円（税別）　ISBN978-4-7972-8022-7　C3332

新法ベースのプロ向け債権総論体系書

2017年（平成29年）5月成立の債権法改正の立案にも参画した著者による体系書。旧著である『債権総論Ⅰ（第2版）』、『債権総論Ⅱ（第 3 版）』を全面的に見直し、旧法の下での理論と関連させつつ、新法の下での解釈論を掘り下げ、提示する。新法をもとに法律問題を処理していくプロフェッショナル（研究者・実務家）のための理論と体系を示す。前半にあたる本書では、第 1 編・契約と債権関係から第 4 編・債権の保全までを収める。

【目　次】

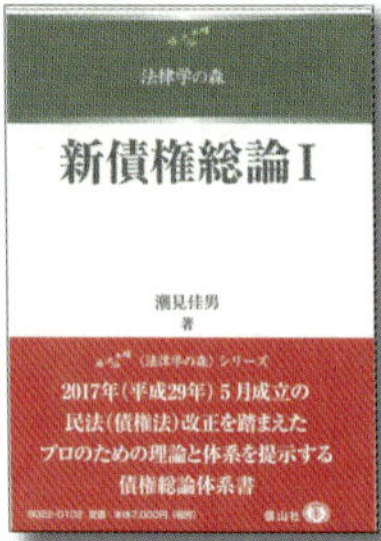

〈編者紹介〉
潮見佳男（しおみ・よしお）
　1959 年　愛媛県生まれ
　1981 年　京都大学法学部卒業
　現　職　京都大学大学院法学研究科教授

新債権総論Ⅱ

A5変・上製　6,600円（税別）　ISBN978-4-7972-8023-4　C3332

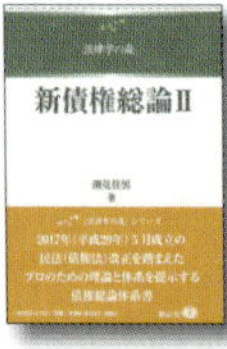

1896 年（明治29年）の制定以来初の民法（債権法）抜本改正

【新刊】
潮見佳男著『新債権総論Ⅱ』
　第 5 編　債権の消滅 / 第 6 編　債権関係における主体の変動
　第 7 編　多数当事者の債権関係

13-0033　東京都文京区本郷6-2-9-102　東大正門前
:03(3818)1019　FAX:03(3811)3580　E-mail:order@shinzansha.co.jp
信山社
http://www.shinzansha.co.jp

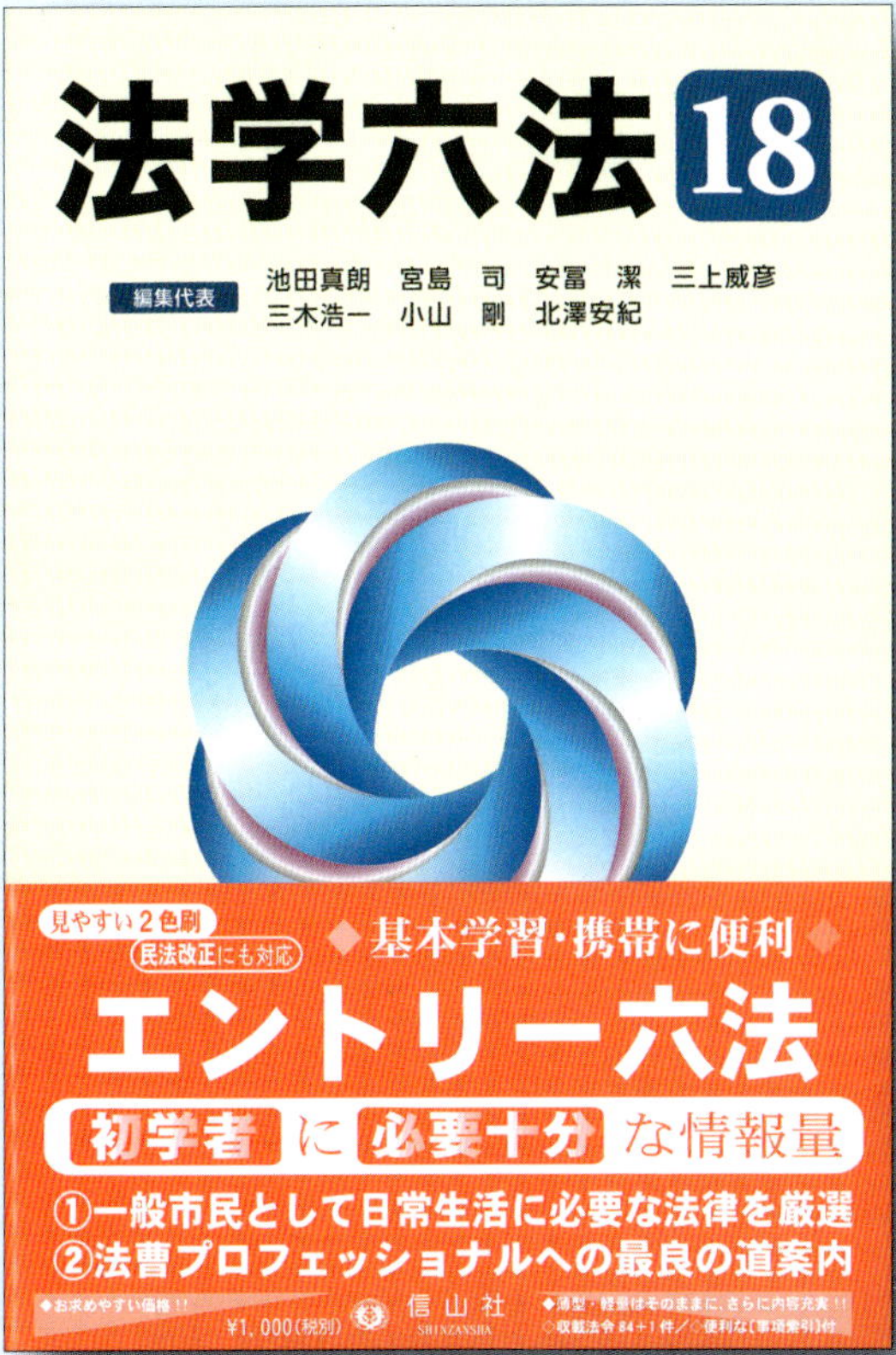
法学六法18
編集代表
池田真朗　宮島　司　安冨　潔　三上威彦
三木浩一　小山　剛　北澤安紀
見やすい２色刷
民法改正にも対応
◆基本学習・携帯に便利◆
エントリー六法
初学者に必要十分な情報量
①一般市民として日常生活に必要な法律を厳選
②法曹プロフェッショナルへの最良の道案内
◆お求めやすい価格!!
¥1,000(税別)
信山社
SHINZANSHA
◆薄型・軽量はそのままに、さらに内容充実!!
◇収載法令84+1件／◇便利な[事項索引]付

四六・618頁・並製　ISBN978-4-7972-5748-9

定価：本体 **1,000** 円＋税

18年度版は、「民法（債権関係）改正法」の他、「天皇の退位等に
る皇室典範特例法」「都市計画法」「ヘイトスピーチ解消法」「
的犯罪処罰法」を新規に掲載、前年度掲載の法令についても、
業・学習に必要な条文を的確に調整して収載した最新版。

信山社　〒113-0033　東京都文京区本郷6-2-9
TEL:03(3818)1019　FAX:03(3811)3580

法律学の森

潮見佳男 著（京都大学大学院法学研究科 教授）

新債権総論 I

A5変・上製・906頁 7,000円（税別） ISBN978-4-7972-8022-7 C3332

新法ベースのプロ向け債権総論体系書

017年（平成29年）5月成立の債権法改正の立案にも参画した著者による体系書。旧著である『債権総論 I（第2版）』、債権総論 II（第 3 版）』を全面的に見直し、旧法の下での理論と関連させつつ、新法の下での解釈論を掘り下げ、示する。新法をもとに法律問題を処理していくプロフェッショナル（研究者・実務家）のための理論と体系を示す。半にあたる本書では、第 1 編・契約と債権関係から第 4 編・債権の保全までを収める。

【目 次】

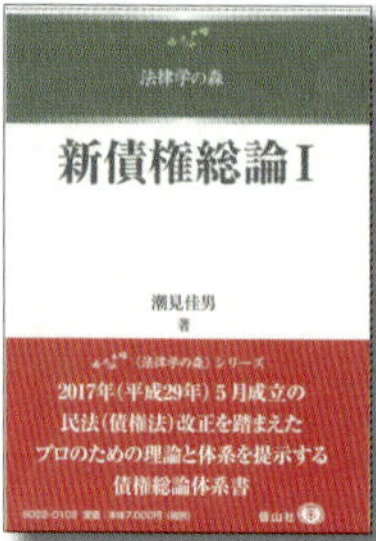

〈編著者紹介〉
潮見佳男（しおみ・よしお）
1959 年 愛媛県生まれ
1981 年 京都大学法学部卒業
現 職 京都大学大学院法学研究科教授

新債権総論 II

A5変・上製 6,600円（税別） ISBN978-4-7972-8023-4 C3332

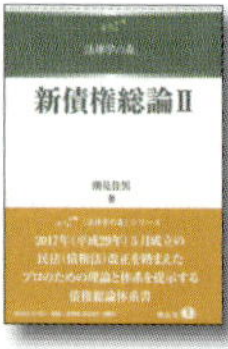

1896 年（明治29年）の制定以来初の
民法（債権法）抜本改正

【新刊】
潮見佳男著『新債権総論 II』
第 5 編 債権の消滅 / 第 6 編 債権関係における主体の変動
第 7 編 多数当事者の債権関係

3-0033 東京都文京区本郷6-2-9-102 東大正門前
03(3818)1019 FAX:03(3811)3580 E-mail:order@shinzansha.co.jp
信山社
http://www.shinzansha.co.jp

於ては從來存したる府縣參事會招集請求に關する府縣知事の認定權を廢し、參事會員半數以上より招集の請求があるならば、府縣知事は參事會を招集せねばならぬことに改めたのである。（改正法・府縣制七一）

府縣參事會の招集請求を爲すには、その參事會に付すべき事件を示してこれを爲さねばならぬ。これ蓋しこの招集請求が、果して參事會員の發案權に屬する事件を議せんとする適法のものなりや否やを審査する必要に基くものであつて、この點は府縣會の招集請求に付て述べたと同樣である。（改正法・府縣制七一）

仍ほ市參事會員が市參事會の招集請求を爲すに付ても、改正法に於ては參事會員はその會議に付すべき事件を示さなければならぬことに爲つたのであるが、その理由は只今府縣參事會員の府縣參事會招集請求に付て述べたと同樣である。（改正法・市制六八）

C　地方議會に於ける議員の議案發案權

一　地方議會の權限は府縣制市制町村制等各その基本法に於て明定されてゐ

るのであるが、通常その權限は(一)議決を爲すの權、(二)選擧を爲すの權、(三)意見書を提出するの權、(四)爭議を決定するの權、(五)行政の執行を監視するの權(後の二者は府縣に於ては府縣參事會の權限に屬し府縣會の權限に屬しない)に分類せられてゐる而して以上各種の權限のうち、選擧を爲し、意見書を提出し、爭議を決定するが如きは總て地方議會そのものに付與された權限であつて、他の機關の敢て參與すべき限りでないから、斯かる事件に付て會議する場合之に關する發案權が府縣會又は市町村會自身に屬することは、更に言を須ひざる所であるが、(而して行政監視權に付て發案の問題は生ぜない)議決權に關しは、現行地方制度に於て、それぞれ「府縣會市町村會の議決を經べき事件に付議案を發すること」は府縣知事又は市町村長の職務權限に屬する旨を規定してゐる爲(府縣制七八・2、市制八七・2、町村制七二・2)地方議會の議決すべき事件に付ては、地方議會は理事機關の發したる議案を基礎としてのみ團體意思を決定し得る消極的權限を有するだけであつて、地方議會自ら議案を發し、積極的に團體意思を決定し得る權限、卽ち所謂議案の發案權は、地方議會には認められてゐないのであるかどうかと云ふ問題に付て、從來學者實際家の間に於て論議せられてゐたことは苟も自治行政に一指を染めた者の知悉せる所である。而してこの問題に關し積極説を採る者は、市町村會にしても府縣會にしても、それは何れも地方自治體の意思機關であるから、それが自ら議案の發案權を有することは當然である。それは地方議會が團體意思の決定權を有することより生ずる當然の歸結であつて、法律の明文を待たずして明かであると論ずるのであるが(1)この所説に付ては頗る疑義なきを得ない。惟ふに地方議會は地方自治體の意思機關であるとは云ふものの、それは府縣制市制町村制等の法律を待ち、その規定に依り初めて設けられた機關であり、從つてこれ等地方議會の權限の範圍も亦府縣制市制町村制等の規定に依りて定まるべきものであるから、地方議會がその本質上、法の規定を待たず否寧ろ法の規定如何に拘らず行使し得べき權能と云ふものは、恐らくあり得ないことゝ信ずる。(一例を擧ぐれば市町村會の議決權の範圍は府縣會の議決權の範圍より遙かに廣い、然し兩者共に各地方自治體の意思機關たることに變りはない) 而して現行地方制度を見ると、府縣會又は市町村會の議決を經べき事件に付議案を發することは、府縣知事又は市町村長の權限に屬するものなることを明記し、同時に議員に對し發案權を認めると云ふ規定の全く存しないのは、畢竟現行地方制度に於ては、議案の内容は總て理事機關をしてこれを作成せしめ、議會をしてその可否を決せしめんとする趣旨であると解すべきであり、從つて現行制度の下に於ては、地方議會には議案發案權なしと斷ずるの外ないのではあるまいか。

然しながら、立法論として以上の問題を考察するならば、議論は自ら異らざるを得ない。蓋し現行地方制度は地方自治體の機關として意思機關及理事機關の兩者を認め、その前者をしては專ら團體意思の決定を掌らしめ、その後者をしては團體行政の執行に執らしめんことを期してゐる。而して意思機關が團體意思の決定を爲すに當り、何故に理事機關の作成したる議案の範圍にその權限を拘束せられなければならぬかと云ふことに付ては、その理由極めて薄弱であると謂はなければならないのであつて、寧ろ事物の性質上理事機關に於てのみ發案すべきもの、または理事機關のみに發案權を屬せしむることが地方自治に適切なる事件を除くの外は、府縣會又は市町村會をして積極的に議案を發しこれに基き團體意思を構成せしむることゝするのが、一面に於ては府縣會市町村會が地方自治體の意思機關たる意義を充實せしむる所以であり、また他の一面に於ては、それが卽ち人民自治の理想を擴充する一策であると思ふ。只地方議會の議員に發案權を認むるに至れば、地方事務は益々繁多と爲り且地方費も益々膨脹するに至るであらうとの懸念を以て、これを否認せんとする論者も少くないやうであるが、然しながら地方議會を構成する議員は卽ち公民の公選に依るものであり、議員は公民監視の裡にその代表として地方事務を審議するものであるから、發案權の認められたる後この制度を濫用して地方行政を紊亂せしむるが如きことは、多少の例外を除くの外寧ろ杞憂に屬すると思はれる。加之、萬一新制實施に當り社會一般がこれに慣熟するに至るまでの間は、或は多少の弊を生ずるの虞が起り勝ちであるかも知れないが、如斯は制度運用に關する一般の自覺とこれに對する指導監督とに依り、充分その弊を矯め將來の大成を期し得ることは必然であるから、今回の改正に於ては、府縣會議員及市町村會議員に對し、府縣會又は市町村會に議案を發し得るの權限を付與することとしたのである。(改正法・府縣制五七ノ二、市制五七ノ二、町村制五三ノ二）　これ蓋し現行地方制度に於ける根本原則に對し重要なる變更を加へたものであつて、今囘の改正に於て最も重要なる意義を有するものの一つたるを失はないであらう。

註（一）「市町村會ノ議決スヘキ事件ニ付市町村會カ自ラ發案權ヲ有スルヤ否ヤニ付テハ法律ハ別段ノ規定ヲ爲サスト雖モ、市町村會ハ市町村ノ意思機關ナルヲ以テ自ラ發案シ得ルコトハ明文ヲ待タサル當然ノ權限ト認ムヘシ（行政裁判例ニ往々其ノ發案權ヲ否定セルモノアルハ同意シ難キ所ナリ）」（美濃部博士著行政法撮要三三七）
「府縣會カ果シテ全然發案權ヲ有セス總テノ議案ニ付イテ其ノ提出權カ府縣知事ニ專屬スルモノト解スルコトカ果シテ正當テアルヤ否ヤハ頗ル疑ハシイ……府縣會ハ府縣ノ議決機關テアツテ其ノ發案權ノ有ルコトハ言フヲ待タナイ所テアル。行政裁判所ノ判決例カ其ノ發案權ヲ否定シテ居ルノハ餘リニ官權ヲ重ンスルニ偏シ府縣ノ自治權ヲ法律ノ認メテ居ルヨリモ一層縮小セントスルモノテ甚タ遺憾トスル所テアル」（同博士著行政法判例三〇二、三〇三）

二　以上述ぶるが如くにして改正法に於ては、地方議會の議員に對し議案發案權を認むることゝ爲つたのであるが、新に認められたる議員の議案發案權に付ては左の諸點に注意するの必要がある。

(1)　府縣會議員及市町村會議員の府縣會又は市町村會に對する議案發案權に關しては、その範圍に一の制限が附せられてゐる。それは即ち議員は歲入出豫算に關する議案の發案權を有しないと云ふことである。惟ふに地方團體の歲入出豫算は、理事機關が當該年度に於て、その自治體が自治を運營するに付て如何程の經費を要するや、またその所要額には如何なる財源を以て充當しようかと云ふことに關する見積表に過ぎないのであるから、事物の性質上、それは理事機關に於て專ら之を編制すべきものであり、意思機關たる議會がこれを編制することは適當でない。殊に實際問題として考ふるに、意思機關が執行機關の立場を考慮することなく、獨自の立場に於て豫算案を提出し、これを決議するに至らば、執行機關は自治事務の執行に付全く責任をとることは困難であり、遂に地方自治は混亂に陷ることゝなるであらう。それ故に改正法に於ては、議員は府縣會又は市町村會の議決すべき事件に付議案を發することを得るが、「但シ歲入出豫算ニ付テハ此ノ限ニ在ラズ」と定め、總豫算追加豫算の區別なく、苟も豫算である以上、議員は自らこれを發案し得ざることを明にしたのである。（改正法・府縣制五七ノ二・1、市制五七ノ二・1、

町村制五三ノ二・i）

(2) 議案の發案と議案に對する修正議決とは全然別個の問題である。議會に於ける議決には、原案をそのまゝ可決する場合と、原案を否決する場合と、更に議案の本質を變更せざる限度に於て原案に多少の變更を加へてこれを可決する所謂修正議決を爲す場合の三種を存する譯であつて、修正議決は固より別個の議案を發案したものではない。從つて歲入出豫算に付ても、議案の本質を變更せざる限度に於て金額を增減するが如きは、修正權の範圍に屬するものとして議會に於て爲し得ることは、現行制度に於けると全く同一である。(1) たゞその修正の限度を超えて議案に變更を加ふるが如きことあらば、それが歲入出豫算に關するものであるならば、所謂發案權の侵害と爲り、またそれが議員の發案權に屬する事項に關するものであるならば、發案權の侵害とはならぬが、その形式が後述するが如き正規の發案の手續を經てゐない限り仍ほ違法たるを免れないであらう。而してその如何なる程度を以て議案の本質を變更するに至るものと認むべきかに付ては、各個の具體的場合に當りてこれを認定するの外ないのであつて、これに關する一般的抽象的準則を定むるが如きは恐らく望み難いことであらう。

(3) 發案權に關連して最もデリケートな關係に立つものは、所謂事件決議の問題である。而して今回の改正に於て新に認められた議員の議案發案權には、歳入出豫算に關するものを除外してゐる關係上、その點に關する一般の心配は去られた譯であるから、結局憂慮せらるゝ焦點は、全くこの事件決議と發案權と而してこれに伴ふ地方費膨脹との關係に於て存するやうである。而して此の點に付ては議決權の範圍が府縣會と市町村會との間に相異を存する關係上、これを分別して一言して置く必要があるやうに思ふ。

府縣會の議決權の範圍は府縣制第四十一條に列擧せられてゐる事件に限るのであつて、就中第一號乃至第八號に、府縣會の議決すべき事件として所謂事件決議と稱せらるゝものは掲げられてゐない。のみならず同條第九號に「法律命令ニ依リ府縣會ノ權限ニ屬スル事項」と規定してゐる趣旨は、各個の法律命令に於て、かくの事件に付ては「府縣會ノ議決ヲ經ベシ」と定めてゐるものを指稱するのである。そこで、府縣行政に於て絶えず問題と爲る二三の事項に付同項の適用如何を考察するに、例へば道路の管理に關する事件、河川の管理に關する事件等は、何れも道路法河川法その他土木に關する法令に依り專ら國政事務とせられその管理を爲す者は國政機關としてこれを行ふのであつて、府縣は只その管理に要する經費を負擔すべきものとされてゐるのであるから、これ等の土木事務の管理に關する事項は府縣會に於て議決すべき事項に屬せず、府縣會は單にその費用に付て議決權を有するに止まる。從つて議員の發案權が土木事務の管理の內容に及ばざるは當然である。また中學校高等女學校等の敎育施設、農事試驗場、水產試驗場、種畜場、蠶業試驗場等各種產業施設の如きも、或は法律を以てその設置を府縣の義務と爲し、或は設置は府縣の任意とするもその設置に要する經費は府縣の負擔たるべきことを定むるのみであつて、これを設置するの可否自體に付府縣會の議決を以て決すべきことを命じてゐるのではないのであるから、これ等の問題に付ても府縣會はこれに要する經費に付て議決權を有するに止まるべく、從つて府縣會議員は、以上の施設經營を爲すべき旨の事件決議に關する議案を自ら發案することは出來ないものと謂はねばならぬ。

市町村會の議決權の範圍は府縣會のそれに比して遙に廣く、市町村會は市町村に關する一切の事件を議決することを得べく、（市制四一、町村制三九）市制町村制に於て市町村會の議決を要する事件の概目として揭ぐるものにも「市町村費ヲ以テ支辨スヘキ事業ニ關スル事」を例示し、只市町村費を以て支辨すべき事業のうち「市町村吏員に委任せられたる事務及法律勅令を以て特に市町村會の議決を要せざることを明示してゐるもの」に付ては例外として市町村會の議決を要せずとしてゐるのである。（市制四二・第二號、町村制四〇・第二號）從つて先に述べたる土木事務の如きは道路事務河川事務等をはじめ總て市町村吏員に委任せられたる國政事務に外ならないのであるから、市町村會も亦府縣會と同じくその經費に付て議決權を有するのみであり、事務の內容に付ては全く議決權を有しない。それ故にこの點に於ては市町村會議員にも發案權を認められないことは、府縣會議員に於けると同樣であるが、然し學校等敎育施設の管理、產業施設の管理の如きは、何れも市町村吏員に委任せられたる國政事務にあらず、また法律勅令に依り特に市町村會の議決を要せずと限定してもゐないのであるから、これ等の施設の經營管理に付ては市町村會は當然議決權を有すべく、從つて市町村會議員にも敎育施設又は產業施設等に關する發案權ありと云はなければならぬ。

斯樣にして府縣會議員と市町村會議員との間に於て、事件決議に關する發案權の內容範圍は相異してゐるのであるが、兎も角も正規の發案に依り事件決議が爲されたる場合に於ては、理事機關たる府縣知事又は市町村長はこれを執行すべき義務を負ふことゝ爲る。（市制八七・1、町村制七二・1）（府縣制にはその規定がないが理論は同樣であらう。）從つて若しその議決を執行するに付豫算を必要とするものであれば、理事機關としてはこれに伴ふ豫算を議會に提出しなければならぬことゝ爲る譯である。たゞその議決が例へば團體の經濟を顧みざるが如き不當の議決であつて、後述する如く理事機關に於て矯正權を行使し得べき範圍にわたるやうなものであるならば、理事機關はその議決に付監督官廳の指揮を請ひ、その議決を執行せざることを得るのである。（改正法・府縣制八三、市制九〇ノ二、町村制七四ノ二）斯樣にして特殊の場合に於ては事件決議に付理事機關に於て矯正權を行使し得るのであるが、この條件に該當せざる限り、所謂事件決議があつた場合には、理事機關はこれを執行すべき義務を負ふことゝ爲るので(この關係は前述の通り府縣に付ては極めて稀であつて、主として問題は市町村に於て存する、發案權を認める結果、この種の權限に依り地方費は著しく膨脹するに至り、或はこれが爲地方財政延いては地方自治の紊亂を來すに至るかも知れぬと憂慮する者も少くないのであるが、然し先程も述べた通り、議員は地方民衆の監視のうちにその權限を行使するのであつて、徒に地方負擔を增大する結果を來すが如き決議は、容易にこれを爲し難い事情に在ること勿論であり、必ずしも論者の杞憂するが如き結果を招來することはあるまいと思はれる。仍ほこの點に付ては特に周到なる注意を以て地方財政に對する監督を加へ、制度の運用が適正を缺くことなきやう爲政者に於て努めなければならぬと同時に、地方自治體の當事者間に於ても自重に自重を加へ、新制度の運用宜しきを制することに努めなければならぬことである。

(4) 府縣會議員及市町村會議員が有效に議案を發するに付ては二つの條件を具備せねばならぬ。卽ちその一は議案は議員三人以上よりこれを發案しなければならぬことであり、その二は議案は必ず文書を以て之を發案しなければならぬことである。蓋し動議に一定の賛成者あることを要するは議事法に於ける一般的通則であるが、然し餘りに多人數の賛成を必要とするときは、却つて不當に發案權の行使を制限することになるので、最少限度二人の賛成者を必要とすることにしたのである。また文書に依らしむることゝしたのは、事の正確ならんことを重んじた結果に外ならない。從つて議場に於て口頭を以て發案しても、それは勿論適法の發案と云ふことは出來ない譯である。（改正法・府縣制五七ノ二・2、市制五七ノ二・2、町村制五三ノ二・2）

註（2）　帝國議會に於ては豫算の修正は減額を認むるのみであつて、原案を更に增額することは認められない。然しながら地方議會に於ける豫算の修正に付ては、原案の本質を變更せざる限度に於ける增額修正もこれを認むることが從來の實例である。

三　府縣會議員及市町村會議員に對し議案發案權を認むる以上、府縣及市に於ては、府縣參事會員及市參事會員に對し、府縣參事會又は市參事會の議決すべき事件に付議案を發し得る權限を認むべきは當然である。依りて改正法に於ては、府縣參事會員及市參事會員に對し議員と全くその內容を同うする發案權を認むることゝした。(改正法・府縣制七〇、市制七一)卽ち參事會員も亦歲入出豫算を除くの外、參事會の議決すべき事件に付參事會に議案を發することを得る。而してこの發案は參事會員三人以上より文書を以て之を爲さねばならぬと云ふ條件を附されてゐるのである。

D 地方議會の意見書提出權

一 府縣會市町村會は當該自治體の公益に關する事件に付て意見書を提出するの權を認められてゐる。この權能は舊府縣制舊市制町村制時代より認められた權限であるが、只その意見書提出先は、舊法時代に於ては監督官廳に限られ、現行法に於ても、府縣會に付ては府縣知事又は監督官廳に、市町村會に付ては市町村長又は監督官廳に限られてゐる。而してその監督官廳と云ふのは府縣制市制町村制に於て監督官廳と定められたものを指すのであるから、府縣に付ては內務大臣、市町村に付ては內務大臣及府縣知事に外ならぬ。(府縣制一二七、市制一五七、町村制一三七)(尤も教育事務に關しては學事通則に依り文部大臣も監督官廳と爲つてゐる。）然しながら、公益に關する意見書を提出し當該自治體の福利を增進せんとするに當り、その提出範圍を單に監督官廳のみに限定することは、更にその必要を見ないのみならず、寧ろ斯かる意見書は、これを當該事務の主管廳に提出し得ることとするの直截簡明なるに如かずと考へられる。仍ほこの點に付ては、從來町村長會の議決等を以て、政府に對し法律の改正を要望するものも少くなかつたので、今回地方自治權を擴充せんとするに當り、この條項にも改正を加へ、府縣會又は市町村會はその府縣市町村の公益に關する事件に付ては廣く「關係行政廳」に意見書を提出し得ることゝしたのである。

二　所謂行政廳なる用語は行政官廳と相對照して用ゐられ、官廳のみならず公廳をも包含せしむるの趣意である。從つて今回の改正の目指す所は、府縣會又は市町村會は、その府縣又は市町村の公益に關する意見書を當該事件に關係ある中央行政官廳及地方行政官廳竝に府縣知事市町村長の如き公法人の機關に對してもこれを提出することを得しめんとするに存するのである。仍ほ所謂關係行政廳なる用語が制限的であるが爲め、一般監督官廳たる內務大臣（府縣）又は內務大臣及府縣知事(市町村)は、これに包含しないやうに一應考へられるが、自治監督は府縣市町村の行政に對し包括的に行はれるものであるから、多少の疑義は存するが、改正法の規定に依りても、從來通り當該自治體の監督官廳にも意見書を提出し得るものと解するのが適當ではあるまいか。(また今回改正の理由は、決して從來認められたる權能を抑制せんとするものでないことは明であるから、監督官廳も亦所謂關係行政廳に包含すと、廣義に解するのが適當であると考へる。)

三　府縣會市町村會が、當該自治體の公益に關する意見書を、廣く關係行政廳に提出し得ることに改められた結果、府縣參事會及市參事會に於て府縣又は市の公益に關する意見書を提出し得る範圍も亦これを擴張せねば、彼此權衡を失すと謂はざるを得ない。依りて改正法に於ては、府縣參事會又は市參事會も亦府縣又は市の公益に關する事件に關する意見書を關係行政廳に提出し得ることに改められたのである。(府縣制四四・七〇、市制四六、七一、これは改正規定が準用せられる結果さらなる。)

E　府縣參事會の代議決權

府縣參事會は府縣に於ける副意思機關として、府縣會に代つてある範圍に於て府縣自治體の意思決定を爲し得る權限を認められてゐるが、その代理權の範圍が府縣制に規定せらるゝ限度に止ることは言ふを俟たない所である。而して現行法に於ける代理權の範圍には、委任代理のみならず法定代理卽ち法律の規定に依り當然代理權を發生せしむる場合もあるけれども、その所謂法定代理は「府縣會ノ權限ニ屬スル事件ニシテ臨時急施ヲ要シ府縣知事ニ於テ之ヲ招集スルノ暇ナシト認ムル場合」に於て、府縣會の議決すべき事件を代議決することだけであつて、(府縣制六八・第二號)其の範圍は極めて狹小である。然しながら府縣參事會に對し所謂代議決權を付與するとするならば、以上の場合の外にも之を認むべきものがあるのではなからうか、殊にこれを市參事會の權限に比較して見れば、市參事會の代議決權の範圍は府縣參事會のそれより廣いのであるから、少くとも現行府縣制の規定は之を現行市制の規定と同樣ならしむる必要はないか。これが今回の改正に於て、府縣參事會の代議決權に對し改正が加へられた所以である。

二　現行府縣制の規定に依れば、府縣會成立せざるとき(即ち府縣會議員の任期滿了又は議員總辭職の後、之に代るべき議員未だ出來ざるとき、または議員數定員の半數以下と爲りたるとき)、議員が招集に應ぜざるとき、または議員が所謂一身上の事件に關する議事の爲會議より除斥せられ、これが爲會議を開くことを得ない場合には、府縣參事會をして代議決せしむるの方法を採らず、直に府縣知事が內務大臣に具狀してその指揮を請ひ、之に基き府縣會に於て議決すべき事件を處分し得ることとしてゐるのであるが、(府縣制八五・一)府縣參事會を以て府縣自治體の副意思機關とし、これに府縣會の議決權の一部を代理せしむる制度を設けてゐる限り、以上の如き場合に於ては、直に之を監督權の發動に待ち理事機關をして處分せしむるより、一應副意思機關をして當該事件に對する府縣の意思を決定せしむる機會を設けて置くのが合理的であると謂はねばならぬ。殊に市制に於ては、市會が以上の如き狀態に在るときは市參事會をして代議決せしむる規定と爲つて居り、而して府縣と市との間に於て參事會の斯の種の權限に相異を存することは何等理由のないことであるから、今回の改正に依り、上述の如き場合に於ては、府縣知事は府縣會の議決すべき事件を府縣參事會の議決に付せねばならぬことに改めたのである。斯樣にして改正府縣制に於ては、府縣參事會が府縣會の議決權に對し法律上當然代理し得る範圍は擴張せられ、(一)府縣會成立せざるとき、(二)府縣會招集に應ぜざるとき、(三)議員が自己又はその父母等の身上の事件に關し除斥せられたるが爲會議を開くこと能はざるとき、(四)府縣知事に於て府縣會を招集するの暇なしと認むるとき。以上四種の場合に及ぶこと〻爲つたのである。

三　右に述べたる如く府縣參事會の代議決權の範圍を擴張すること〻爲つた結果、府縣制第八十五條及第六十八條の規定に改正が加へられたのであるが、その內容は畢竟上述した事項を規定の上に表はしたと云ふことの外に出でないのである。

而して府縣制第八十五條の規定は今回の改正に依り全文改正と爲つてゐるが

(1)　新規定第一項は、上述した府縣參事會の代議決に付すべき場合を規定し、

(2)　新規定第二項は府縣參事會も亦成立せず、招集に應ぜず、又は參事會員が自

己又は父母等の一身上の事件に關し除斥せられた爲會議を開くことを得ない場合に於ては、府縣知事が內務大臣の指揮を請ひ、參事會の議決すべき事件を處分し得ることを規定したものであつて、從來の第八十五條第一項の半分に該當する。(1)

(3) 新規定第三項は府縣會又は府縣參事會が議決すべき事件を議決しない場合に於ては、府縣知事が內務大臣の指揮を請ひその議決すべき事件を處分し得ることを規定したものであつて、(所謂不議了に依る原案執行の場合である)それは從來の第二項と全く同樣である。

(4) 新規定第四項及第五項は從來の第三項及第四項と全く趣旨を同うするものであつて、規定の缺くる所を多少補充し、また用語を改めた所があるけれども、趣旨に於ては何等變更は加へられてゐない。

府縣制第六十八條第二號を改正した。同條は府縣參事會の權限を規定した條文であつて、その第二號は卽ち府縣參事會の府縣會に對する法定代理權の範圍を揭げてゐるのである。而して府縣參事會の府縣會の議決權に對する法定代理の範圍は、今回の改正に依り擴張せられたのであるから、本號に改正の加へられなければならぬと云ふことは自然の結果である。所が、府縣制第八十五條第一項の規定が改正せられたならば、重複して第六十八條の規定を改める必要はないとの議論もあるやうであるが、然しながら第八十五條と第六十八條とはその規定の性質を全く異にするものであつて、第八十五條は府縣の理事機關たる知事の職務權限を規定するものなるに反し、第六十八條は府縣參事會の權限を規定してゐるものであるから、その一方を改正すれば他の一方はこれをそのまゝと爲すも差支なしと云ふ性質のものでない。卽ち府縣參事會の法定代理權を擴張するに付ては、第六十八條第二號の規定の改正を要するは當然である。

註(一)　府縣參事會が成立せず、招集に應ぜず、または議員が一身上の事件の爲除斥せられた爲會議を開くことを得ざる場合に於て、府縣知事が府縣參事會の議決すべき事件を處分することが出來るが、その參事會の議決すべき事件とは、本來府縣參事會の權限に屬せしめられてゐるものだけを指すのであるか、或は府縣會不成立の場合等に於て、應急的に府縣知事に於て府縣會の議決すべき事件を府縣參事會の議決に付したものをも包含するのであるかと云ふことに付ては、多少疑義を抱く人があるかも知れないが、それは今回の改正規定第六十八條に依れば、以上の如く應急的に府縣參

事會の議に付されたものも府縣參事會の權限に屬する事件として、他の事件と同等に列擧せられてゐるのであるから、第八十五條第二項の府縣參事會の議決すべき事件中に、第六十八條第二號の場合を包含するのは當然であると解すべきである。

寧ろ以上の疑義は從來の市制に於て存したものである。即ち從來の市制に於ては第九十一條第一項に、單に市會不成立等の場合には、市長に於て市會の議決すべき事件を市參事會の議に付し得ると云ふことを規定してゐたが、第六十七條の市參事會の職務權限に關する規定に於ては何等この點に觸れてゐなかつたので、第九十一條第一項の規定に依り市參事會の議に付せられた事件は、第九十一條第二項又は第九十二條に所謂市參事會の議決すべき事件に包含するかどうか、かなり疑問であつたのであるが、從來この點に付てもこれを積極に解してゐた。

四　仍ほ府縣參事會の代議決權の擴張に關連して一言して置きたいのは、以上の如く改正に爲つたことは、同時に市參事會の代議決權に歩調を合すことに爲つた譯であるが、これに關連し府縣制第六十八條の規定は改正せられたのであるから、市制に於ても、その第六十七條市參事會の職務權限に關する規定を改め「市會成立セザルトキ、第五十二條但書ノ場合ニ於テ仍會議ヲ開クコト能ハザルトキ又ハ市長ニ於テ市會ヲ招集スルノ暇ナシト認ムルトキ市會ノ權限ニ屬スル事件ヲ市會ニ代ハリテ議決スルコト」と云ふ項を加へ、府縣制の規定と形式を同一にし、これに依り從來存したる法規適用上の疑義(市制九一・2、九二・i の適用)を解くこととしたと云ふことである。只以上の市制に對する改正は、從來解釋を以て補充し來りたる趣旨を、今回改正の機會に於て明瞭ならしめたと云ふだけのことであつて、この改正に依り市參事會の權限が擴張せらるゝに至つたものでないことは一應注意して置くべきであらう。

第二　自治權を消極的に保障せんとする改正條項

地方自治體の自治權を擴充するには、積極的にその自治權を擴張することのみならず、消極的に既に認められてゐる自治權の確立を保障することも極めて必要なことである。依りて今回の地方制度改正に於ては、前述した通り、積極的に自治權の範圍を擴張すると同時に、一面現に自治體に付與されてゐる自治權の確立を保障する目的を以て必要なる改正を行つたのである。

A　地方議會の不當議決に對する矯正權

一　地方議會の不當なる議決に對する矯正權と云ふのは、府縣會市町村會等の議決が公益を害し、または當該自治體の收入支出等に付極めて不適當なる場合に於てこれを矯正する權限であつて、通常これを原案執行權と云ひ、從來爲政者實際家の間に於てその是非に付八釜しき議論の存する問題である。惟ふに地方議會は地方自治體の意思機關である。從つてその意思機關が正規の手續を以て適法に決議を爲したる以上、それは正當なる團體意思を構成するものであるから、純理よりすれば、理事機關は無條件にそのまゝこれを執行すべき義務を負ふべきである。たゞ然しながら、行政の實際に於ては、若しその意思決定が極めて公正を缺ぎこれをそのまゝ執行するならば、これが爲公益を害し乃至は地方自治の運用上著しき不利なる結果を招來するの虞ありと認めらるる場合に於て、理事機關をして監督官廳の指揮を請ひ、その議決を矯正し得るものと爲すことは、必ずしもこれに依り、自治を破壞するものであると云ひ難きのみならず、地方自治の發達程度如何に依りては、また止むを得ざる監督方法であると思はれる。只問題はその範圍程度を如何にすべきやと云ふことであるが、この點に關し從來の地方制度は、監督の範圍廣きに失し、自治權の正當なる活動を不當に抑制し拘束してゐるとの非難があつたので、今回の地方制度改正に當りては、この矯正權の問題に付特に愼重なる考慮を拂ひ、出來得る限りこの方面に於ける自治權を保障すると共に、地方自治の圓滿なる運用に對し支障なからしめんことを期する目的を以て、所謂原案執行に關する規定に對し必要且適切なる改正を加へたのであるが、これまた今回の地方制度改正に於ける最も重要な事項の一たるを失はないであらう。

仍ほ現行法に於ては、府縣參事會及市參事會の議決に關しても、府縣會及市町村會に付て認められてゐると全く同一の範圍に於て所謂原案執行權を認めてゐるのであるが、自治權保障の目的を以て原案執行權を制限しなければならぬ必要乃至限度に至りては、府縣會及市町村會と府縣參事會及市參事會との間に何等相異あるべき筈がない。從つて今回の改正に於ては、府縣參事會及市參事會の不當議決に對する矯正權に付ても、府縣會及市町村會に對すると同樣の制限を加ふることに改めたのである。それ故にこれから說明する內容は、特別の例外を明言せざる限り、總て府縣會、市町村會、府縣參事會及市參事會に共通のものであると豫め御諒承を願ひたい。

二　現行法に於て地方議會(府縣會市町村會及府縣參事會市參事會を含む、以下同じ)の議決に對し矯正權を行使し得べき場合には、前述の通り、(1)その議決が公益を害する場合と(2)その議決が當該自治體の收支に關し不適當なる場合との二者を存する。(府縣制八二・4、市制九〇・5、町村制七四・5)而して論議の存し且非難が加へられてゐたのは、この規定が餘りに包括的であり、從つて府縣知事又は市町村長の認定並に監督官廳の見る所如何に依りては、その不當の程度如何に拘らず、監督權を以て强制的にその團體意思に變更が加へられ、場合に依りては團體意思を創生し得ると云ふ點に存したのであるから、今回の改正は上述二種の事由に付嚴重なる制限を附し、以て自治權の保障を充分ならしめんとした次第である。

三　第一は地方議會の議決が公益を害する場合である。公益を害する議決をそのまゝ放置することが、行政上許すべからざるは謂ふまでもないことであるけれども、元來「公益」なる觀念そのものが認定を以て決せらるべき問題であるので、現行法の如く單に「公益ニ害アリト認ムルトキ」は、府縣知事又は市町村長に於て、これを再議に付し、または內務大臣の指揮を請ひ(府縣)、府縣參事會の裁決を請ひ(市)若は府縣知事の處分を請ふ(町村)ことを得るものとせば、理事機關の自由裁量に依り、意思機關の議決が不當に抑制を受くるに至る虞が顯著である。依りて改正法に於ては、地方議會の議決が「明ニ公益ヲ害スト認ムル場合」に限り、府縣知事又は市町村長に於てこれを再議に付し、または内務大臣の指揮を請ひ(府縣)若は府縣知事の指揮を請ふ(市町村)ことを得ることに改めたのである。(改正法・府縣制八三・1、市制九〇ノ二・1、町村制七四ノ二・1)改正規定の趣旨は、現行法の規定に於ては、害公益の事實が理事機關又は監督官廳の主觀的認定に委せられる虞があつたのを改めて、公益に害ありや否やは、理事機關等の主觀のみならず、社會一般の認むる所明瞭に公益に害ありとさるゝ場合、卽ち害公益の事實が客觀的に認容せらるゝ場合に限ることとし、理事機關がこの規定を以て不當にその權限を行使することを防止せんとしたのである。従つて害公益議決に關する規定改正の骨子は、「明ニ」なる用語を加へこれに依り害公益に關する標準を主觀的認定より客觀的標準に變更せんとするのであつて、これに依り、公益を害する程度の輕重を斟酌せんとするものでないことは特に注意を要する點であると思ふ。

仍ほ害公益の議決に對する矯正權行使の方法に付改正法に於ては一二變更が加へられた。卽ち(1)害公益の議決に付ては、現行法に於ては必ず一應之を再議に付し、仍ほ議決を改めざる場合に於て、府縣に於ては內務大臣の指揮を請ひ、市に於ては府縣參事會の裁決を請ひ、町村に於ては府縣知事の處分を請ふことを得しめてゐるが（府縣制八二・4、市制九〇・5、町村制七四・5）、改正法に於ては、再議に付することを原則とするけれども、萬一再議に付するも到底議決を改むる望なき等「特別ノ事由アリト認ムルトキハ」「府縣知事ハ之ヲ再議ニ付セズシテ直ニ內務大臣ノ指揮ヲ請フコトヲ得」（改正法・府縣制八三・1但書）べく、「市町村長ハ之ヲ再議ニ付セズシテ直ニ府縣知事ノ指揮ヲ請フコトヲ得」（改正法・市制九〇ノ二・1但書、町村制七四ノ二・1但書）ることとに改めた。蓋し到底議決を改むるの望なく、または時期切迫せる場合等に於ては、再議に付せずして直ちに內務大臣の指揮を請ひ得るやうにする方が適切であるのみならず、既に收支不適當の議決に付ては、現行法に於てもこの方法に依つてゐるのであるから、改正法に於ては害公益の議決も亦それと同樣の取扱を爲すを以て適當と認めたに依るのである。また再議に付しても仍ほその議決が明に公益を害する場合に於て、內務大臣の指揮を請ひ（府縣）または府縣知事の指揮を請ひ得ることとは（改正法・府縣制八三・2、市制九〇ノ二・2、町村制七四ノ二・2）この點に關する條項及字句の變更があつたけれども、その趣旨は現行法と全く同一である。(2)また市會若は市參事會の爲したる害公益の議決に關しては、現行法が府縣參事會の裁決を求むべきものとしてゐたのを、府縣知事の指揮を請はしむることに改めたのであるが、その理由に付ては後に「第四のE」に於て詳說するであらう。

四　第二は地方議決が當該自治體の收支に關し不適當なる場合に關するものである。現行法に於ては地方議會の議決が「收支ニ關シ不適當」なる場合に於ては、府縣知事又は市町村長に於てこれを再議に付し、または內務大臣の指揮を請ひ(府縣)府縣參事會の裁決を請ひ(市)、または府縣知事の處分を請ふ(町村)ことを得ることになつてゐる。而してその收支に關し不適當なりや否やは專ら理事機關の認定に一任せられ、議決の客觀的妥當性の有無如何に拘らず、理事機關の主觀を以て議決の强制的更改を求め得る譯であるから、苟も議決が當該自治體の收支に關する限り、常に理事機關の掣肘を受くべき蓋然性があるものと云はねばならぬ。然しながら、かやうに概括的に、意思機關の意思決定に對し、理事機關が拘束を加へ得る制度が自治の本旨に適合せざるは論を俟たない所であつて、從來所謂原案執行權の制限に關する主張の大半は、この收支に關する議決に對して認めらるゝこの種の權限の範圍を、出來得る限り縮小しなければならぬと云ふ點に存したのであるから、改正法に於ては、收支に關する議決に對し理事機關が矯正的權限を行使し得る範圍に付ては、現行法に於けるが如くこれを包括的に規定することなく、議決が法律に列擧したる內容、卽ち(一)議決が收支に關し執行することと能はざるものと認めらるゝ場合、(二)當該自治體の義務に屬する費用又は緊急避くべからざる費用を削除し又は減額したる場合に限ることゝしたのである。(改正法・府縣制八三・3、市制九〇ノ二・3、町村制七四ノ二・3)これより、改正法に於て、矯正權を行使し得るものとして列擧せられたる費用に付て、簡單にその趣旨を述べて見たいと思ふ。

(1)　第一は議決が收支に關し執行すること能はずと認めらるゝ場合とは、所謂絕對的不能の場合は勿論、相對的不能と稱せらるゝものも亦この範疇に包含せらるゝものと解する。從つて例へば、地方議會が歲出に比し歲入不足するが如き議決を爲したるが如き、到底見込なき過大の歲入を見積りこれを財源として歲出を計上せるが如き場合を包含するは勿論、議員の發案に依り事件決議を爲したる場合に於て、議決そのものは勿論豫算を伴はないけれども、その議決を執行するに付ては豫算を必要とする場合、當該自治體の財政上これに要する經費を歳出に計上するとするも、之に對應して歳入を見込むべき可能性なきが如き場合をも包含するものと解すべきであらう。但し以上はその二三の例示に過ぎないのであつて何を以て所謂執行不能の認定すべきかに付ては、現實の議決に關し、具體的事實を基礎としてこれを決定しなければならぬことは謂ふまでもない。

(2) 第二は地方議會の議決が當該自治體の義務に屬する費用を削除しまたは減額した場合であるが、改正法は自治體の義務に屬する費用に付その重要なるものを例示してゐる。第一は法令に依り府縣市町村の負擔する費用であるが、これに屬するものの二三を擧ぐれば、小學校費、中學校費、道路法第三十三條の規定に依る費用、其の他市町村に於ける代執行または職務管掌に關し市町村の負擔する費用の如きであらう。第二は當該官廳の職權に依り命ずる費用であるが、これに屬するものには訴訟費用河川分擔金等がある。更に以上例示したる義務費用の外にも、或は府縣債市町村債の利子の如き、または契約に基く債務の辨濟の如き、色々自治體に於て費用を支出しなければならぬ法的義務を負擔する場合があるであらうが、これ等の義務費用は、自治體に於てその必要額だけは必ず支出しなければならぬものである。從つてこれを全然削除したる場合は勿論、これをその必要額以下に減額したる場合に於ても、府縣又は市町村はこれが爲法律上の義務を履行することが出來なくなる譯であるから、斯かる議決に對し原案執行權を行使し得るものとするは洵に當然である。

仍ほ府縣市町村の義務に屬する費用を削除し又は減額したる場合に於て原案執行を爲すに付ては、當該歳出に付てこれを爲すのみならず、これに伴ふ歳入に付ても變更を加へなければならぬことは當然であるから、改正法に於てはその趣旨を明かにする目的を以て「其ノ費用及之ニ伴フ收入ニ付」矯正權を行使し得る旨を宣明してゐるのである。

(3)　第三は自治體に於ける緊急避くべからざる費用を削除し又は減額した場合であるが、改正法は緊急費用の典型的なるものとして、非常の災害に因る應急または復舊施設の爲に要する費用と、傳染病豫防の爲に要する費用とを例示してゐる。以上二種の費用が削除せられ又は減額せらるゝに於ては、これが爲地方の公安を害する虞あるは固より、其の他隨時に必要を生ずる費用にして、緊急差置き難きものを削除し又は減額したる場合に於ても、地方公共の福利が保障せられざるに至る譯であるから、これ等の經費竝にその收入に付原案執行を爲し得るものとするは、地方自治の運用上必要なことであると謂はねばならぬ。

五　改正法に於ては、以上に列擧した各種の場合に限り、地方議會の議決に對し矯正權を行使し得ることに制限されたのであるが、その權限行使の方法に付ては、市制に於て變更が加へられた外、條項の體裁配列等に於て相當の變更はあつたが、その趣旨に於ては大體現行法に於けると同樣である。卽ち

(1)　府縣に在りては府縣會又は府縣參事會の議決が以上列擧の場合に該當すと認むるならば、府縣知事はこれを再議に付さなければならぬ。但し議決を改むる望みがない等特別の事由の存する場合には、府縣知事は再議に付することなく直ちに內務大臣の指揮を請ふことも出來る。而してその再議に付した場合、仍ほ不當の議決を繰返したならば、府縣知事はこれに關し內務大臣の指揮を請はねば

ならぬのである。(改正法・府縣制八三・3)

(2)　市町村に在りては、市町村會又は市參事會の議決が以上列擧の場合に該當すると認むるならば、市町村長はこれを再議に付さなければならぬ。但し前述したやうに特別の事由の存する場合には、市町村長は再議に付せずして直に府縣知事の指揮を請ふことも出來る。而して再議に付しても再び不當な議決を繰返したならば、市町村長はその議決に關し府縣知事の指揮を請はねばならぬ。(改正法・市制九〇ノ二・3、町村制七四ノ二・3)(1)(2) 仍ほ市會又は市參事會の議決が不當である場合の原案執行に付ては、現行法に於ては府縣參事會の裁決を請ふべきものとしてゐたのを、改正法に於ては府縣知事の指揮を請はしむることゝし、府縣及町村に於けると同樣の方針に從ふことにしたのであるが、その理由に付ては後に「第四のE」に於て詳述するであらう。

註(1)　現行の市制町村制に於ては、市町村會又は市參事會の議決を再議に付した場合に於て、議決にして「執行ヲ要スルモノニ在リテハ之ヲ停止スヘシ」と規定してゐるが(市制九〇・5、町村制七四・5)再議に付せられた議決に執行力のないことは當然であるから、改正法に於ては特にこれを規定中に加へなかつたのである。

(2) 現行市制に於ては、市會又は市參事會が議決を改めない場合に於ては府縣參事會の裁決を請ふことと爲つてゐるから、その裁決に不服ある府縣知事に對し内務大臣に訴願することを得しむる必要があつたけれども、改正法に於ては斯かる場合には府縣知事の指揮を請はしむることと爲つた爲、上述訴願の問題は消滅した譯である。
また改正法に於て府縣知事の處分に對し市町村長、市町村會又は市參事會より内務大臣に訴願し得ることゝしたのは、現行法の趣旨に從つたものである。

B 府縣會又は府縣參事會の違法越權なる議決又は選擧の矯正權

一 現行法に於ては、府縣會又は府縣參事會の議決が、其の權限を越え又は法令若は會議規則に違反してゐる場合に於ては、府縣知事は直ちにその議決を取消すことも出來るし、またはこれを再議に付したる上仍ほ前同樣に違法越權の議決を爲したならばこれを取消すことが出來たのであるが、改正法に於ては、なるべく地方議會の意思を尊重するの趣旨を以て、府縣會又は府縣參事會の議決が違法越權なる場合に於ても、原則としては必ずこれを再議に付すべく、再議に付するも仍ほ再び違法越權の議決を爲すならば、こゝに初めてその議決を取消すべきものとし、只到底議決を改むるの見込なき等特別の事由存する場合に限り、例外として再議に付することなく直ちにかゝる議決を取消し得るものとしたのである。（改正法・府縣制八二・1 2）

また現行法に於ては、府縣會又は府縣參事會に於て行つた選擧が違法越權であつた場合には、府縣知事に於て直ちに之を取消すべきものとされてゐたが、改正法に於ては、議決の場合と同じく議會に對し今一應反省の機會を與ふる趣旨に基き、府縣會又は府縣參事會の選擧が違法越權であつた場合には、原則としては必ず再選擧を命じ、この命令ありたるにも拘らず再び違法越權の選擧を爲したならば、こゝに初めてその選擧を取消すべきものとし、只再選擧を命ずるも到底反省の望なき等特別の事由ある場合に限り、府縣知事に於て再選擧を命ずることなく直ちに違法越權の選擧を取消すべきものとしたのである。（改正法・府縣制八二・1 2）

府縣會又は府縣參事會の爲したる違法又は越權の議決又は選擧に對する府縣知事の矯正權に付ては、以上述べたやうな變更が加へられ、議會に對し、特別の事由なき限り必ず反省の機會を與ふることゝ爲つたのであるが、其の他の點に付ては、法規の體裁は異つて來たが、その内容は現行法の規定と全く同一である。

二　市町村會又は市參事會の爲したる違法越權の議決又は選擧に付ては、法文の體裁が變更せられただけであつて、その内容に至りては、全然現行法と同一である。たゞ議決に付これを再議に付したる場合に關し、現行法に於ては、その議決が執行を要するものなるときはその執行を停止すべき旨を規定してゐたが、元來再議に付せられたる議決に執行力なきことは事理の當然であつて、別段の規定を要しない譯であるから、前掲原案執行に關する場合同樣、この趣旨を表示した法文はこれを設けざることに改めたのである。（改正法・市制九〇、町村制七四）

C　府縣會停會權及府縣豫算削減權

一　現行府縣制に於ては、府縣知事は府縣會の停會を命ずるの權を有する。（府縣制八四）現行自治制はその根本組織として、自治體の機關に於て意思機關と理事機關とを相對立せしめ、相節制して自治の運營の完からんことを期してゐるのである。從つて兩機關相互の間に於て、その權限の不當なる行使に關し相互に矯正するの權能を認むることは、その權能の種類如何に依りては極めて必要なことである。府縣制が從來府縣知事に對し府縣會停會權を付與してゐたのも、畢竟この趣旨に基いたものであらうが、謂ふ迄もなく、停會は府縣會の活動を强制的に停止せしむるものであつて、解散に亞ぐ最も强力なる監督的權限である。從來市町村長に對しては市町村會停會權を付與してゐないのに、府縣知事に對してのみ府縣會停會權を認めたのは、畢竟府縣知事は官吏であるから、市町村長と異り一層强き矯正的權限を與へてもよいと云ふ趣旨であつたかも知れないが、理事機關の全然自由裁量處分に依り地方自治體の意思機關の活動を强制的に停止せしめると云ふことは、人民自治の思想より見て適當な制度でないのみならず、この權能が濫用せられるときは、之が爲自治は著しき干渉を蒙らざるを得ないことゝ爲る。成程地方議會の行動常軌を逸した爲、暫く反省の時を與へんが爲にこれに停會を命ずることは、時にとつての一法であるかも知れないが、それは極めて稀なる例でもあり、且斯かる場合に於ける制御は各員の自覺覺醒に待ちて然るべきものであると思はれるので、今回の改正に於て府縣知事の府縣會停會權はこれを削除することとしたのである。

二　府縣自治に關しては、內務大臣に於て府縣の豫算中に不適當と認むるものがあるならばこれを削減することを得ると云ふ特殊の監督權が從來認められてゐた。(府縣制一三〇)然しながら、府縣の豫算は府縣の意思機關に於て審議決定するものであつて、それが府縣制に於て特に府縣自治の爲矯正せざるべからざるものと規定する事項に該當せざる限り、監督官廳はこれに容喙すべからざるものであり、斯くあることが自治を認むる所以であると考へる。然るに最高監督官廳たる內務大臣に於て、その自由裁量に依りこれを自由に削減し得るものと爲すは、不必要に自治權に對し掣肘を加ふるものであつて、自治制度上極めて不適當なる監督方法であると謂はねばならぬ。殊に今回の改正は地方自治權の擴充をその根本目的とするものであり、これが爲豫算に對する所謂原案執行權に對しても重要なる制限を加ふることゝ爲つたのであるから、今回の改正に於ては、內務大臣の府縣豫算削減權も亦廢止さるゝことゝ爲つたのである。(1)

註(一) 内務大臣の豫算削減權はこれを行使した實例はない。

D 許可權の整理

一 地方自治體は私法人と異り、その存立する目的竝に管理する事務は總て國家的性質を有するものであるから、國家が地方自治體の自治權の運用に對し必要なる監督を爲さねばならぬことは云ふを待たない所である。然しながらそれと同時に、地方大衆の間に自治に對する理解が普及し、一般民衆が自治の運用に慣熟して來るに伴ひ、一面に於ては、監督權を行使すべき範圍を縮小して地方自治權を擴充し、また他の一面に於ては、監督權はなるべくこれを地方行政官廳の權限に委任して所謂地方分權の趣旨を實現し、益々人民自治の理想を貫徹することも亦自治政策上最も重要な事項であると思はれる。それ故に從來地方制度に關しては監督權の整理を目的とする數次の改正が行はれ、これに依り自治權は大にその伸張を見るに至つたのであるが、從來の改正のみを以ては未だ十分ならざる點が少くなかつたので、今回地方制度を改正するに當りては、再び自治監督に關する規定を改正して、所謂要許可事項の範圍を縮小すると共に、許可を要する事項に付てもその許可權は成るべく之を地方行政官廳の權限に委任することゝし、益々地方自治權の擴充を期することとしたのである。

二　第一は府縣の行政に關する許可權の問題であるが、現行の府縣制に於ては、使用料を新設しまたは之を變更すること、府縣内の一部に對し特に利益ある事件に關して不均一の賦課を爲し又は一部賦課を爲すこと、及繼續費を設け又は變更することは、内務大臣の許可を必要とし(府縣制一三三)そのうち事の輕易なるものに限り、勅令の定むる所に依り許可を要せざることゝしてゐたのである。(府縣制一三六、府縣制施行令四六・1乃至4)所が今回の地方制度の改正に於ては以上の方針に對し一大變更を加へ、從來原則として内務大臣の許可を必要とした使用料及繼續費に關する事項に付ても、改正法に於ては原則としては内務大臣の許可を要せざることゝし、只府縣の財政經理又は社會一般に及ぼす經濟的乃至社會的利害關係の上よりして、特に國家の監督權を留保しなければならぬやうな特殊事項に付てのみ、内務大臣の許可を要することゝしたのである。從つて改正法に依れば、新に府縣制施行令に於て「内務大臣ノ許可ヲ受クベシ」と指定せられたもの[1]以外は、(一)使用料の新設變更[2](二)繼續費の設定變更は總て府縣の自治に一任せらるゝことゝ爲つたのである。仍ほ改正法に於ては所謂不均一賦課及一部賦課を爲すことに付ては、從來の實績に鑑み自治權擴充の趣旨に基き許可を要せざることゝした。(改正法・府縣制一三三)また改正法に於て新に認めらるゝに至つた府縣の自治法規たる府縣條例に付ては、改正法はその制定に付内務大臣の許可を要せざることゝし、府縣の自治を大に尊重した譯である。[3]

註(1)　使用料の新設變更に付ては原則として内務大臣の許可を要せざることゝ爲つたけれども、例へば、水道、電氣、瓦斯、鐵道、軌道、自動車等の使用料の新設又は變更に付ては、内務大臣の許可を受けしむる必要があるのではあるまいか。何れそれ等の問題は、府縣制施行令の規定に依り「要許可事項」として指定さるゝことに依り明と爲るであらう。仍ほ改正法に於ては使用料に關する事項は府縣條例を以て規定すべきものとされてゐるが、此の場合に於ても、條例そのものは内務大臣の許可を必要とする譯でなく、只使用料の內容に付てのみ許可を必要とするのである。繼續費に付ては、現行法は支出總額五十萬圓以內の繼續費は不要許可と爲つてゐるが(府縣制施行令四六・4)改正法に於てもこの範圍が不要許可と爲ることは疑を存しないが、地方財政の

膨脹殊に著しき折柄として、この範圍を更に擴張することが適當なりや否や、この點は目下の現狀として多大の疑念を存する次第である。

（2） 現行法に於ては使用料の新設增額變更と規定せるに、改正法に於ては單に新設變更としたのは、現行法は特に增額なる用語を用うることに依り、減額は所謂變更中に含まず、從つて不要許可なりとの意味を表はしてゐたものである。然し斯の如きは極めて曖昧なる解釋であるのみならず、改正法に於ては特に指定を爲さざる限り使用料に關する事項は不要許可と爲るのであるから、增額減額共に包含せしむる趣旨にて「新設變更」と規定したのである。

（3） それ故に府縣條例を以て規定すべきものにして特に內務大臣の許可を要するものとする必要ある場合に於ては、その旨法令中に規定しなければならぬ。而して例へば三部經濟の府縣に於て、府縣會、市部會及郡部會の議決事項の分別及市部郡部の分擔及收入割合等は府縣條例を以て規定すべきものであらうが（府縣制施行令四九・五一）これ等の條例に付ては恐らく內務大臣の許可を受けしむる必要があると思ふ。

三 第二は市町村行政に關する監督の問題である。

(1) 現行法に於ては(一)市町村條例の設定改正は內務大臣の許可を要し、（市制一六五、町村制一四五）(二)市町村債、特別稅、間接國稅附加稅、竝に使用料に付ては內務大臣及大藏大臣の許可を要することゝし（市制一六六、町村制一四六）、そのうち輕易なる事件に限り、勅令の定むる所に依り、その許可權を府縣知事に委任しまたは不要許可事項と爲すことを得ることゝしてあるのである。(市制一六九、町村制一四九、市制町村制施行令五九、六〇)　然しながら、自治監督の上に於て所謂地方分權の主義を徹底し、事務の簡捷を圖ると共に、自治體の活動をして益々敏捷ならしむることは、自治政策上最も重要な事項であるので、今回の改正に於ては、現行法に於て內務大臣又は內務大藏兩大臣の許可を要する事項として只今列擧したものは、總て原則としては之を府縣知事の許可權に屬せしめ、就中主務大臣の許可を必要とするやうな事項は、勅令を以てこれを指定することゝし、市町村行政に於ける國家の監督に關する根本方針を變更することゝ爲つたのである。　それ故に、現實の問題として、如何なる限度に於て所謂地方分權の趣旨が實現せられ、事務の簡捷が圖られるかと云ふことに付ては、主務大臣の要許可事項が、市制町村制施行令に於て如何に現はれるかに依り決せらるべき問題であるけれども、兎も角許可權の歸屬が原則として總て地方行政官廳たる府縣知事に移さるゝことゝ爲つたのは、少くとも主義上に於ける大なる地方分權たることを失はないであらう。(4)(5)(6)

(2) 現行市制町村制に於ては、府縣知事の許可を要する事項中に(一)寄附又は補助を爲すこと及(二)手數料及加入金の新設增額變更を爲すことが加へられてゐるが、改正法に於ては以上二種の事項は府縣知事の許可を要せざることに改められた。惟ふに寄附又は補助を爲すことに付國家の監督權を留保したのは、市町村が不必要なる寄附補助を爲し又はその財政狀態を顧みずして多額の支出を敢てし、之が爲自治體の財政を窮乏に陷らしむる虞あるに基いたものであるが、既に普通選擧も實施せられ、國民の自治に對する知識乃至自覺も大に進みたる今日に於ては、自治は多數民衆の注視の下に運行せられ、無暴なる財政計畫の如きは仲々社會の容るゝ所でない。此の意味に於て自治權擴充の趣旨に基き、寄附補助に關する事項はこれを不要許可とすることに改められた次第であるが、此の點に付ては爲政者實際家の間に於ても相當憂慮せる者も少くないのであつて、市町村行政の局に當る者としては、この制度改正の本旨を誤らざるやう、法規の運用に付愼重なる注意と責任とを忘れてはならぬと思ふ。また手數料及加入金に關する事項は、使用料と異り比較的事輕易なる問題であるから、これを市町村の自治に一任して差

支なしと認め、不要許可事項と爲すことに改められたのである。（改正法・市制一六七・町村制一四七）

註（4）改正法に於て、原則としては府縣知事の許可を以て足るが、そのうち重要な事項に付ては特に勅令を以て指定するものに限り主務大臣の許可を要するものとせられてゐるのは、(一)市町村條例を設け又は改廢すること、(二)使用料を新設し又は變更すること、(三)特別税を新設し又は變更すること、(四)市町村債に關することの四項であるが、就中市町村條例に付ては、例へば市町村會議員の定數增減條例（現行法に於て府縣知事に許可權を委任されてゐるものを除く）、選擧に依る町村會議長設置條例、市會議員選擧區條例、名譽職市長設置條例、市參與設置條例の如きは少くとも內務大臣に許可權を留保する必要があると思ふが、その他の市町村條例は槪ね府縣知事に於て許可するものとして差支ないのではあるまいか。また市町村の營造物使用料に付ては、例へば水道、瓦斯、電氣、鐵道、軌道、自動車等に關する使用料は內務大藏兩大臣の許可を受けしむる必要があると思ふが、其の他の使用料は强ひて大臣の許可權を留保するの必要もあるまい。只特別税の設定と市町村債とに關しては、現下に於ける地方財政膨脹と國民負擔の過重の實情に鑑み、果してこの點に關する監督權を何れの點まで緩和するのが地方の福利を增進する所以であるかと云ふことに付ては、多大の疑義を存する所であつて、その標準に付ては、所謂地方分權と云ふことと地方自治體の

財政監督の必要と云ふことゝを比較考量し、最も適當とする限度に於てその標準を求めなければならぬと思ふが、何れにしても以上各種の問題は、近く改正せらるべき市制町村制施行令に於て解決せらるべき問題である。

（5）改正法に於ては後述する通り、間接國税に對しては市町村税として附加税を賦課することを禁ずることに爲つたので、改正法中府縣知事の許可を要する條項中より「間接國税ノ附加税ヲ賦課スルコト」と云ふ項を削除したのである。

（6）改正法に於ては使用料及特別税に關する許可事項として、その新設及變更のみを揭げ、增額に付て規定してゐないのは、增額は變更の一場合なるが故に「變更」中に包含せしめた爲である。而して現行法が特に「增額」なる用語を存したのは「變更」なる用語中には減額を含ましめずしてこれを不要許可とする趣旨であつたこと、而してこの點は改正法に於ては市制町村制施行令中の不要許可事項に關する規定に依り解決せらるべきものなることは、概ね府縣に付て述べたと同樣である。

第三　自治機關の構成を便宜且合理的ならしめんとする改正條項

自治體の機關の構成方法に於て、從來地方自治の實際に適せぬものがあり、またその構成が自治の理論に必ずしも合致しないものがあり、其の他法規の不備とせらるゝものがあつたので、今回の改正に於てはこれ等の諸點に對し相當の改正を加へ、自治機關の構成を合理的ならしめまたは實際の便宜に合致せしむることとし、これに依り益々自治の圓滿なる運營に資せんとしたのである。

A　市町村會議員の補闕選擧

一　今回の改正に依り市町村會議員の補闕選擧執行に關する規定は再び改められた。即ち現行市制町村制に依れば「市町村會議員中闕員ヲ生シタルトキハ三月以内に補闕選擧ヲ行フヘシ」（市制二〇・i、町村制一七・i）と云ふことに爲つてゐて、市町村會議員に闕員を生じたならば、同點者繰上補充の方法に依り補闕し得る場合に於てその方法に依るべきは勿論であるが、その他の場合に於ては必ず補闕選擧を行はなければならぬことになつてゐたが、今回の改正法に依れば、市町村會議員に闕員を生じた場合に於ては「其ノ闕員ガ議員定數ノ六分ノ一ヲ超ユルニ至リタルトキ又ハ市町村長若ハ市町村會ニ於テ必要ト認ムルトキハ補闕選擧ヲ行フベシ」（改正法・市制二〇・2、町村制一七・2）と云ふことになり、たとへ闕員を生じても、その闕員數が一定數を超えない限り、補闕選擧を行ふや否やは市町村長又は市町村會の認定に依り定まることに改められたのである。(1)

註(1)　補闕選擧の執行に關する規定の改正は政府原案としては提案せられなかつたのであるが、衆議院に於ては補闕選擧執行に關する現行市制町村制の規定はその煩に堪へずと爲し、政府原案に對し更にこの改正規定を追加可決したのであつた。政府に於てもこの修正に對しては、それが實際上の便宜を圖らんとするものであり、强ひて現行法通りとしなければならぬとも考へなかつたので、兩院に於て可決されるならばそれに同意すると云ふやうな消極的態度を採つてゐた。所が貴族院に於てもこの修正に對しては贊成することになつたので、政府に於てもこの修正に同意し、斯くして補闕選擧の執行に關する改正規定も亦政府原案と併せ、兩院を通過するに至つた譯である。

二　ここに市町村會議員の補闕選擧執行に關する規定の變遷に付て簡單なる回顧を試みるならば、大正十五年の市制町村制改正前までは、市町村會議員が闕員と爲つた場合に於て、(1)その闕員數が議員の定數の三分の一以上になるか(卽ち三十人の定數であれば、闕員數が十又はそれ以上と爲ること)(2)府縣知事(町村は郡長)に於て補闕選擧を行ふの必要を認むるか、(3)市町村長若は市町村會に於てその必要を認めたならば、補闕選擧を行はねばならぬが、以上各號の一に該當しなければ、闕員を生じても必ずしも補闕選擧を行ふ必要はないと云ふことになつてゐた所がこの制度に關しては從來八釜しい議論があつた。卽ち市制町村制に於ては市町村會議員の定數を法定してゐるのである。此の議員定數を一定する所以のものは、市町村の大小に從ひ法定する程度の議員ある事が、當該自治體の意思機關を構成するに必要なる條件なりと認めてゐるのである。然るに偶々議員に闕員を生ずるに至つたならば、その闕員が議員定數の三分の一に達せざる間は、市町村長若は市町村會の認定か、第一次監督官廳(府縣知事又は郡長)の認定かに依り、補闕の必要ありと認めない限り議員は闕員の儘として差支ないと云ふことは地方議會の構成上甚だ不合理のことであるのみならず、場合に依りてはこれが爲弊害を生じないとも限らぬ。現に府縣會議員の補闕選擧に付てはかやうな緩慢な規定は存してゐないではないか。以上の如き論議が旺であり、帝國議會に於ても度々この點が議論さるゝやうになつたので、大正十五年の地方制度改正の際、曩に述べた通り、市町村會議員に付ても、闕員を生じたならば三月以内に必ず補闕選擧を行はなければならぬ規定と爲し、以て議會の構成をして常に充實せしむるの主義に依ることゝしたのである。

斯樣にして大正十五年以來改正法に依り、市町村會議員に付ても闕員を生ずれば、必ず補闕選擧を行はなければならぬことゝ爲つたのであるが、これを各市町村の實際の狀況に照して考ふるに、府縣會議員と大にその趣を異にし、その議員數頗る多き爲、各市町村に於て闕員を生ずる度數も極めて頻繁であり、その結果市町村は總選擧の中間に於て幾度となく補闕選擧を繰返さなければならぬやうな結果を齎し、稍その煩に堪へざる情勢と爲つて來た。これが爲或は全國市長會議に於てまたは各府縣町村長會に於ては、市町村會議員補闕選擧の執行に關する規定は、舊法の主義に復活して呉れと云ふ決議を爲すに至り、其の他政府當局に對して、新規定が餘りに理論に偏し社會の實情に適合しない旨を述べ、規定の改正を要望する者も少からざる情勢と爲つて來た。そこで今回地方制度を改正するに當りては、此の問題に關し、理論の命ずる所に忠實なるべきか、または行政運用の實際に於ける便宜に就くかと云ふことに付て愼重に考究を重ねたのであるが、新規定施行後いまだ數年を出でないのであるから、今少しその施行の狀況を觀察した上で、改正するの要あらばこれを改正することゝしても敢て遲くはあるまいとの理由の下に、政府原案としては、市町村會議員補闕選擧執行に關する規定には手を觸れなかつた次第である。然るに衆議院に於ては、新規定實施の狀況に鑑み、それは理論に偏して行政の實際に適合せざる所以を力說し、これを修正するに至つたのである。而して政府に於ても前述の通り特にこの點に付ては考慮を拂つてゐた次第であるから、輿論がしかくこの規定の改正を希望するならば强ひてこれに反對するの必要なしと認め、補闕選擧執行の規定に關する議會の修正に同意することゝ爲つたのである。

三　市町村會議員に闕員を生じた場合如何にこれを取扱ふべきであるか、これに關する今回の改正法の規定を解說すれば大要左の如くである。

(1)　市町村會議員に闕員を生じた場合に於て、若し同點者で年少者たるが爲又は抽籤に外れた爲當選者と爲ることを得なかつた者があるならば、選擧長は直ちに選擧會を開いて其の該當者を當選者とする、若し同點者二人以上あれば年長者を當選者とし、生年月日同じき者あれば抽籤を以て當選者を決定する。(改正法・市制二〇・1、町村制一七・1)

(2)　市町村會議員に闕員を生じた場合、以上の如くにして同點者を以て闕員を補充することが出來ないか、または同點者ありてその者を以て闕員を補充しても仍ほ補充し切れない場合に於て、初めて補闕選擧を行ふべき狀態に立ち至るのであるが、新規定は斯かる場合に於ても必ずしも直ちに補闕選擧を行はねばならぬものとはしない。卽ちかやうにして議員闕員と爲り而もその闕員數が議員定數の六分の一を超ゆるに至つたならば(例へばある市の議員定數三十人であるとすれば、闕員數が六人又はそれ以上と爲つた場合である)必ず補闕選擧を行はなければばならぬけれども、その闕員數が議員定數の六分の一またはそれ以下に止まつてゐる場合には、法律上は必ずしも補闕選擧を行はなければならぬのではなくしてこの場合市町村長又は市町村會に於て仍ほ補闕選擧を行ふ必要があると認めたならば、そのときに限り、補闕選擧を行ふべきものとしたのである。（改正法・市制二〇・2、町村制一七・2）これが今回の改正の內容であるが、畢竟この改正は市町村會議員の闕員は議員數が多い關係上頻繁に起るから、闕員數がある限度を超ゆるに至る迄は、市町村の機關の認定に依り補闕選擧を行はないでもよいと云ふ便法を認めたに外ならないのである。

(3)　以上の改正規定は主義に於て大正十五年の地方制度改正前の主義に復活した譯であるが、今回の改正を大正十五年前の舊規定と比較すれば、(1)舊規定に於ては闕員が議員定數の三分の一又はそれ以上に達するまでは補闕選擧を行はないでもよいことになつてゐたが、新規定に於ては闕員が議員定數の六分の一を超ゆるに至れば補闕選擧を行はなければならぬことゝした。(2)舊規定に於ては府縣知事（又は郡長）に於て必要と認むれば、闕員が議員定數の三分の一未滿でも補闕選擧を行はなければならぬことにせられてゐたが、新規定に於てはかゝる認定は專らこれを市町村長と市町村會とに委ね、府縣知事は補闕選擧の必要の有無に關する認定を爲すことは出來ないことにした。以上の二點に差異を存する譯である。

(4)　仍ほ補闕選擧を行はなければならぬ狀態が議員の任期滿了前六月以内に發生した場合に關する特殊の取扱に付ては、新規定の適用ある場合に於ても同樣である。即ち議員の任期滿了前六月以内と爲つて、闕員議員數が議員定數の六分の一を超ゆるに至つたとか、または議員闕員となり市町村長又は市町村會に於て補闕選擧を行ふの必要ありと認めても、此の場合に於て補闕選擧を行ふべからざること、及議員の任期滿了前六月以内であつても、若しその闕員數が議員定數の三分の一を超ゆるに至つたならば、必ず補闕選擧を行はなければならぬことは、現行規定に於けると全然同樣である。（改正法・市制二〇・5、町村制・一七・5、市制三三・6、町村制三〇・6）

B　市參事會の構成變更

一　市參事會の構成に關しては、改正法はその構成の質及量の二方面に渉つて變更を加へ、以て自治體の機關たる所以を擴充せんことを期してゐるのである。而してその質に於ける改正とは、とりも直さず市の理事機關を參事會員として參事會の構成に加はらしむることを廢したことであり、量に於ける變更とは、名譽職參事會員の定數を增加したことである。

二　現行市制に於ては、市參事會は市長、助役及名譽職參事會員を以て構成することを原則とし、市參與を置く市に於ては、更に市參與がその擔任事業に關する限りに於て參事會員たるべきものとせられてゐる。而してその參事會員としての職務權限に至りては、各參事會員とも同一であること謂ふを待たない所である。たゞ僅かに市參事會が市會の代議決を爲す場合には、理事機關たる參事會員は議決より除斥せられ、また參事會の定足數は名譽職參事會員のみを以て決するやうな特例はある)。（市制九一・1、七〇）然しながら、市參事會は謂ふ迄もなく市に於ける代議機關であつて、市に於ける副意思機關として、市會と共に執行機關たる市長と相對立してゐるものである。從て現行自治制のこの基本原則を擴充するならば市參事會の構成には、理事機關を加へないことが本旨であると云はねばならぬ。只從來市參事會の構成に市長助役の如き主要なる理事機關を加へてゐるのは、如何なる理由に基いてゐるのであるかと云へば、それは單に舊市制時代に於ける沿革的理由に依るものであつて、他に特別の理由は存しないと謂ふの外あるまい。卽ち市參事會は現行制度に於ては市の意思決定機關と爲つてゐるが、舊市制時代に於ては、それは市の執行機關であつた。從てその構成には市長助役が當然これに加つてゐた譯である。(1) 然るに明治四十四年市制の改正を行ふに當り、從來の實績に徵し、市の理事機關も亦町村に於けると同樣これを獨任制とすることを適當と認め、ここに於て明治四十四年の市制に於ては市長を以て市の執行機關と爲すと共に、從來執行機關たりし市參事會はこれを廢止することなく、そのまゝの組織を以てこれを市に於ける副意思機關とするに至つたのである。かやうにして市參事會は、その法律上の地位は今日に於てはその設定當時と全く相異するに至つたけれども、その構成に至つては昔日と全く同一である。然しながらその職務權限の性質に鑑みるときは、(2) その構成に付ても適當なる變更を加へなければならぬと云ふことは、更に架設を用ゐない所であらう。のみならず、市參事會と殆んど同一の性質を有する(否寧ろより以上に國政機關たる性質を有する)府縣參事會に付ては、大正十五年地方制度改正の際、その構成を改めて高等官參事會員を廢止し、議長及名譽職參事會員のみを以て參事會を組織することゝし、議長には府縣知事を以て之に充てるが、その議長は單に議長たるのみであつて參事會員たる地位を有しないことゝしたのである。(3) 然るに市參事會に付てのみ仍舊套に依ることゝし之に理事機關を加ふることゝするは、決して自治機關の構成をして合理的ならしむる所以でないから、今回の改正に於ては、市參事會も亦府縣參事會と同樣議長と名譽職參事會員のみを以てこれを組織することゝし、而して議長には市長を以て之に充て(市制六四、六六)、市長は議長として參事會の構成に加はるも參事會員たる地位を有せず、從つて參事會に於ける議事の表決權なく、單に裁決權のみを行使し得ることゝしたのである。(市制五三、七一)

註(一)「市參事會ハ市ヲ統轄シ其行政事務ヲ擔任ス、市參事會ノ擔任スル事務ノ概目左ノ如シ」(舊市制六四)

(2) 市參事會は市の副意思機關たることをその本質とするものであるが、その他にも市參事會は、市税の賦課に關する異議、市の營造物使用權に關する異議、市の職員に對する給與に關する異議等を決定するが如き權限を有するが、これは全く市參事會の附帶的職務權限であると云はねばならぬ。

(3) 大正十五年の地方制度改正の際府縣參事會の構成に付ては、本文述ぶるが如き改正が加へられたに拘らず、市參事會の構成に付ては何等改正が加へられなかつた。これは市長助役等は何れも市會に於て選擧し又は選定したものであるから、府縣參事會に於ける高等官參事會員とは全くその事情を異にすると云ふ理由であつたがこの理由は極めて徹底を缺いでゐる。高等官參事會員は官吏なるが故に之を參事會の構成に加へずと云ふのではなくして、理事機關なるが故にこれを意思機關の構成に加へないと云ふのが本當の理由であると思ふ。然らば、市參事會に付ても同樣の理由を以てその當時その構成に理事機關を加へないやうに改正が加へらるべきものであつたらう。

三　現行市制に於ては市長助役等が參事會員として加はる關係もあるので、一般の都市に於ける名譽職參事會員の數は六人であり、たゞ東京、京都、大阪の三市に於ては市條例を以て十二人までこれを增員し得ることとしてある。(市制六五・i)所が今回の改正に依り、市長助役等が參事會員たる制度は廢止せられたので、自然名譽職參事會員を增員するの必要を生じて來た。依りて改正法に於ては、一般の市の名譽職參事會員の定數はこれを十人とすることに改めたのである。また從來東京京都大阪の三市の名譽職參事會員は十二人まで增加し得ることゝ爲つてゐたが、これ等の都市に付ても、參事會の構成の變更に伴ひ、將來名譽職參事會員の定數は市條例を以てこれを十五人まで增加し得ることに改めたのである。仍ほ之に關連して一言して置かなければならぬことは、現行市制制定當時に於ては、東京京都大阪の三市が我が國の他の都市と大に事情を異にし、種々の點に於て特殊の取扱を爲す必要があつたのであるが、最近に於ては以上の三市のみならず、これと比肩すべき他の大都市の出現を見、これ等の大都市も亦一般の市と色々の點に於て特別の取扱を要求するの實情に在るものであるから、(4)この名譽職參事會員の定數に關する特例に付ても、從來の市制に於けるが如く、單に東京京都大阪の三市に付てのみ特例を認むることは適當でないので、改正法は、勅令を以て指定する市に於ては、市條例を以て名譽職參事會員の定數を十五人まで增加することを得ることに改めたのである。(5)(6)

註（4）例へば大正十一年法律第一號六大都市行政監督に關する特例の法律の如き、東京京都、大阪、横濱、神戸、名古屋の六市に付て市行政上の特例を認むべきものとし、其の他この六市は通常六大都市と稱せられ、色々の關係に於て特別の取扱をうけてゐる實情である。

（5）名譽職參事會員を增員し得る都市としても、東京、京都、大阪、横濱、神戸、名古屋の六市が指定せらるべきものであると考へる。而してその指定ありたるときは、これ等の都市は參事會員增員條例を設定し、參事會員を十五人まで增員することを得ることとなる譯である。

（6）改正法施行の結果、市長助役等は當然參事會員たる職を失ひ、各市は從來の定數より增員せられたるだけの名譽職參事會員を速に選擧しこれを補充しなければならぬこととゝ爲る。

C　名譽職市長

一　市長を有給吏員とすることは舊市制時代より今日に至るまで一貫せる制度である。町村長は名譽職たることを原則とし例外としてこれを有給吏員と爲し得ることゝせるに拘らず、市長に付ては今日に至るまで常にこれを有給吏員とし名譽職市長を認めなかつた所以のものは、都市の事務は町村のそれに比し極めて複雜繁多であるから、名譽職市長の如く、自己本來の業務の傍ら都市行政事務の管理に鞅らしむるが如き制度を以ては、到底市の自治を圓滿に處理することは出來ないであらうと云ふ理由に因るものである。然り、都市の事務はこれを町村の事務に比較するならば、その範圍の廣汎なること到底同日に論ずべくもないのであるから、恐らく市長の十中八九は名譽職吏員を以てこれに充つることは出來ないであらうのみならず、これを町村の行政に付て見るも、漸次自治活動が繁雜と爲り來る最近の趨勢を基礎として考ふるならば、町村に於てもその事務繁多なるものに在りては、寧ろ有給町村長を設置することが、より以上適切なるものも少くないであらうと思はれる。從つて今更名譽職市長制を設くるが如きは寧ろ時代錯誤ではないかと云ふ議論は、大量觀察としてはまことに一理あると考へる。然しながら、町村に付ては名譽職町村長の外、必要に依りては有給町村長も置き得るの制度を採るに拘らず、市に付てのみ市長は絕對に有給吏員たらざるべからざるものとし、名譽職市長制を否認することは、別段積極的の理由もなくして、只單に市の自治組織權に對し制限を加へんとするものであると云ふより外はない。殊に極めて稀であるかも知れないが、市長を名譽職と爲し得る途を存することに依り、これを有給吏員に限る場合よりも、更に優良なる市長を得ることもないとは限らない。即ち今回の改正に於て名譽職市長の制を設けたる理由は、特に市のみに付てその首長を有給吏員に限らなければならぬ理由なしと云ふ消極的必要に基きこの制度を認むるに至つたに過ぎないと考へる。從つて、名譽職市長制を設けざるに於ては自治の本旨に反すと云ふが如き從來の思想に捉はれて、今回この新制度が設定せらるゝに至つたものでは勿論ないと考へてゐる。(1)（改正法・市制七三、1）

註（1）　地方自治とは名譽職に依りその公共事務を處理するものであると云ふやうな定義がグナイストに依つて提唱せられた。　自分は名譽職に依つてその事務を處理せられると云ふことが絶對的に自治の要素を爲すものであると云ふ考へには大に疑義を持つてゐる。　一歩讓つても、その執行機關が名譽職たるを要するや否やに付ては更に大なる疑義をもつてゐる。　惟ふに地方自治行政の實質は年を逐ふて變遷しつゝあること、殊に近年社會經濟事情の變遷に伴ひ、地方自治體の使命が寧ろ一種の企業主體的傾向に向つて進みつゝあることは見逃すべからざる重要なる現象であつて、この點より地方自治機關の構成を考ふるならば、或は市町村長の如き理事機關

は、謂はゞ企業團體に於ける支配人の如き地位を多分に有するに至りつゝあるのではなからうか、斯くしてこれを名譽職とすべしとの從來の傳統的觀念は消滅して、寧ろそれは市町村自治體を大なる企業主體として導念その運用に付て畫策すべき地位に移りつゝあるのではあるまいか。斯樣に考ふるときは、名譽職市町村長制自體に付て一つの疑問さへ起つて來るのであるが、兎も角も現行制度の實際上の適用を見るならば、町村長の大部分は名譽職であるが故に、強ひて町村長名譽職制に對し變更を加へる積極的必要もないであらう。斯くして町村長に付て名譽職有給職の兩者を認むるならば、獨り市長に付てのみこれを有給吏員に限ることゝせず、名譽職市長をも置き得るやうに改正した方が市自治體の組織權を擴張する所以ではないか、かやうな理由に依り今回の名譽職市長制は設けらるるに至つたものである。

二　上述の如く今回の改正に依り市は名譽職市長を置くことを得ることゝ爲つたのであるが、市制に於ける原則は、市長はこれを有給吏員としてゐるのであるから、若し名譽職市長を置かんとするならば、市條例を設定して市長を名譽職とする旨を規定しなければならぬ。而して改正法に於ては、市條例は原則として府縣知事の許可を受くべく、就中特に重要なるものだけは内務大臣の許可を要することとなつてゐるが、名譽職市長設置の如きは、市の機關の組織に於ける重要なる特

例であるから、恐らくこの條例は内務大臣の許可を要するものとして指定せらるべきものであると思ふ。(改正法・市制七三・i)

名譽職市長も亦市の名譽職吏員であるから、名譽職市參與(又は名譽職町村長)等と同じく、「市公民中選擧權ヲ有スル者」たる事を以てその資格要件とする。(改正法、市制七三・8) 何となれば、市制の規定に依れば、市の名譽職を擔任する權利を有する者は市公民に限るのであるから、市公民に非ざる者が名譽職市長と爲り得ざる事は當然であり、また公民ではあるが市町村會議員の選擧權を有せざる者とは、例へば公民權停止を受けてゐる者、現役軍人等軍隊生活者または選擧犯罪者にして公民權の消極要件に該當しないが然し選擧權は喪失せしめられた者(例へば選擧犯罪に因る罰金處刑者)の如きを云ふのであるから、これ等の者をして名譽職市長に在らしむべからざるは謂ふを待たない所である。而してこの「市公民ニシテ選擧權ヲ有スル者」たることは、名譽職市長就職の要件たると同時にその存續要件たること勿論であるから、萬一名譽職市長の職に在る者にして「選擧權ヲ有セサルニ至リタルトキ」卽ち公民權の缺格條項に該當するに至り、公民權停止處分をうけ、軍隊生活者と爲り、または選擧犯罪に依りて選擧權を失ふ旨の判決を受けたならば、これに依り當然市長の職を失ふに至るべきことは、公民に限りて擔任すべき他の職に在る者に於けるると全く同一である。(市制八四)

D　市町村長の選擧及就職

一　市町村長の選擧に關する規定は、大正十五年の地方制度改正に於て一大變更を受けたのである。即ち大正十五年の改正前に於ては、市長の選擧の方法は、内務大臣が市會に對し推薦命令を發すると、市會はこの命令に基いて市長候補者三人を選擧推薦し、内務大臣がこれを上奏し裁可を得ることに依り市長が出來ると云ふ方法に依つてゐた。また町村長の選擧の方法は、町村會に於て町村長を選擧し府縣知事の認可を受けることになつてゐたのである。然るに大正十五年の地方制度改正に於て、自治權保障の趣旨に基き、市長に關する裁可及町村長に關する認可を廢止し、市町村長は市町村會に於て選擧すれば足ることゝしたのである。而して大正十五年の改正法に於ては、以上の趣旨に基き、市制町村制に於ては單に市町村長ハ市町村會ニ於テ之ヲ選擧ス」（市制七三・2、町村制六三・1）とのみ規定した爲、その後法規の適用上種々の疑義を生ずるに至つたので、今回地方制度を改正する機會に於て、この市町村長選擧に關して存する從來の疑義に付、法規を以て明確なる解決を與ふる爲、現行の市町村長選擧に關する規定に對し詳細なる補充的規定を加ふることゝしたのである。而してその新たに加へられたる規定はこれを市町村長の事前選擧に關する規定と市町村長選擧に於ける當選告知及當選承諾の規定とに分類することを得るであらう。

二　第一は市町村長の在職中に於て行ふ後任市町村長の選擧、卽ち所謂市町村長の事前選擧は、如何なる時期まで遡りてこれを行ひ得るやの問題である。(1) 此の問題は必ずしも大正十五年の改正ありたるに依り初めて起つたのではなくして、その以前に於ても猶ほ起り得た問題である。たゞその當時に於ては、市長選擧に付ては內務大臣の推薦命令がなければこれを行ふことを得ず、また町村長の選擧に付ても認可制度を存したるが爲、無暗に選擧の時期を遡らせるやうなことはなかつたのであるが、大正十五年の改正に依り、市町村長の選擧に對しては國家は全く監督權を行使しないことゝ爲つた爲、市町村長の選擧を行ふべき時期に關する規定なきを理由として、現任市町村長の在職中に、而も其の任期仍ほ未だ相當殘存するに拘らず、豫めその後任市町村長の選擧を行ふ事例少からざるやうに爲つて來た。元來現任者の在職中に於てその後任者を選擧することが自體が適法なりや否やに付ても多少の論議を存しないでもないが、それは既に多年認められ來つた自治慣習であり、且特にこれを禁止する規定もないのであるから、恐らくこれを認めざるを得ないと思ふけれども、徒らに長く遡りて所謂事前選擧を行ふことは、公の秩序に違ふものであつて、これを以て正當なる選擧であると謂ふことを得ないであらう。從つて假令事前選擧は、如何なる時期以後に非ざればこれを行ふことを得ずとの積極的規定を存しない今日に於ても、條理上相當の時期に至るに非ざれば事前選擧はこれを行ふことを得ないものであつて、その以前に行はれた選擧は無效であると云はねばならぬと思ふ。(2) 只然しながら、例へば市町村長の任期滿了の日が極めて接近した際、便宜市町村會の開會を機とし、豫め後任市町村長の選擧を行ふが如きは、これを有效と認めても、何等市町村自治生活の秩序を紊るやうな虞はない。從つて、ある程度に於て事前選擧を認めることは、市町村自治運行の便宜上寧ろ望ましいことであると謂ふことも出來るであらう。只その事前選擧を行ひ得る時期を如何なる程度に認めるかと云ふことは結局認定の問題と爲る譯であるが、兎も角も斯の如く重要なる結果を齎す原因と爲る選擧の時期に付て全く規定を存せず、これを監督機關の認定に一任することは、公法生活の安全を期する上に於て決して望ましいことでないから、改正法に於ては市町村長の事前選擧を行ひ得る時期を法律を以て一定することゝし、「市町村長ノ在職中ニ於テ行フ後任市町村長ノ選擧ハ現任市町村長ノ任期滿了ノ日前二十日以內又ハ現任市町村長ノ退職ノ申立アリタル場合ニ於テ其ノ退職スベキ日前二十日以內ニ非ザレバ之ヲ行フコトヲ得ズ」（改正法・市制七三・4、町村制六三・2）と爲し、ある程度に於て行政に於ける實際上の便宜を斟酌すると共に不自然なる事前選擧が極端に延長することを法の明文を以て禁止することゝしたのである。

註（一）　現任市町村長ある場合にその後任者を豫め選擧して置くと云ふことは、理論として適當なりや否や可なり疑問であるのみなず、現行市制町村制の規定の精神が果し

てこれを認める趣旨であるかどうかも疑問であるが、兎も角も行政實例としては市町村長の事前選擧と云ふことが認められ來つてゐるのである。

(2)「現任者ノ在職中後任者ノ選擧ヲ爲スハ主トシテ機關ノ曠缺ヲ防クノ一便法ニ過キサルモノナルヲ以テ後任者ハ退職期日ニ接近シ選擧スルヲ要ス」(昭和二、三、一八、通牒)「現任者ノ任期滿了ノ日ノ數ケ月以前ニ後任者ノ選擧又ハ推薦決定ヲ爲シタルモノノ如キハ違法ト存ス」(昭和二、四、五、通牒)

三 第二は市町村長選擧に於ける當選の告知及當選承諾に關する規定を設けたことである。現行市制町村制に於ては、市町村長は市町村會に於て之を選擧すと規定するのみで、投票を終りたる後如何にして市町村長に就職するものなりや全くその手續に關する規定を缺いでゐる。この點は大正十五年市制町村制改正前に於ても同樣であつたのであるが、當時は市長に付ては天皇の裁可を要し、町村長に付ては府縣知事の認可を要した爲、裁可又は認可ありたる日を以て市町村長に就職する日なりと解し、別段問題もなく濟んでゐた。所が、大正十五年の改正に依り市町村長選擧に關する裁可又は認可を廢すると共に、單に「市町村長ハ市町村會ニ於テ之ヲ選擧ス」と規定するに止め、その後の手續に付て全く規定を補充しなかつた爲、市町村長の職に就くのは、果して何れの時なりやと云ふことに付て疑義を生ずるに至つたのである。惟ふに市町村長の選擧も亦所謂公法上の契約の一種である。(3) 謂ふ迄もなく市町村長の職に就くことは極めて重大なる義務を負擔するに至るものであるから、單に市町村自治體がその一方的意思を以て、特定人をして市町村長たらしむることが出來ないと云ふことは更に論ずるまでもない。畢竟市町村長選擧も亦一種の契約關係であつて、市町村自治體が市町村長に選擧されたる本人に對し當選の告知(卽ち市町村長に就職せられんことの申込)を爲し本人がこれに對し承諾の意思表示を爲すに依り、ここに初めて市町村長の就職を見るに至るのである。而して市町村會に於て行ふ所謂選擧なる行爲は、何人を市町村長たらしめんと欲するかに關する市町村の内部意思を決定するに止まるのであつて、市町村會に於ける選擧行爲を完了しただけでは、未だ外部に對しては何等效力を發生しないものと云はねばならぬ。以上の法律關係は市町村會議員選擧に於けると全く同一であるのであるが、現行市制町村制に於ては、議員選擧に付ては以上の關係を法文を以て明示してゐるに拘らず、市町村長の選擧に付ては全くその規定を缺いでゐる爲、止むなく條理に從ひ以上の如く法規の補充解釋を爲してゐたのである。(4) 然しながら、本問題に關しては必ずしも反對論がないでもなく、また假令本文述ぶるが如き解釋に依るとしても、然らば果して選擧を終りたる後何日間は有效にその當選を承諾し得るのであるか(無制限にその期限を延ばすことは固より許すべからざることである)と云ふことに付ては再び條理を用ゐて解釋しなければならぬが、斯樣な點になると問題は極めて不明確とならざるを得ない。而も市町村長が何時より就職するかと云ふ問題は、市町村行政に於て極めて重要なる關係を有する事柄であるから、今回の地方制度改正に當りては、市町村長の選擧に關し、その當選の告知及當選承諾に關する規定を設け、從來動もすれば疑義を生じてゐた點を法律の規定を以て明確ならしむることゝしたのである。

註(3) 地方議會の議員選擧關係が、申込及承諾の形式を以て、成立する契約關係であると云ふことに付ては、度々論述した所である。例へば拙著改正地方制度解説一三頁以下、拙稿自治契約及自治協定論(自治研究第二卷第一號三七頁以下)參照

(4) 「市町村長、助役、收入役及副收入役ノ就職ニ關スル裁可又ハ認可廢止後就職スル市町村長、助役、收入役及副收入役ノ任期ハ就職承諾ノ日ヨリ起算スルモノト解スヘキ

義ニ有之爲念(大正一五、九、二一、通牒)

四　市町村長選擧に於ける當選の告知及當選承諾に關する改正法の規定は概ね左の通りである。(改正法・市制七三・5乃至7、町村制六三・3乃至5)

(1)　市町村會に於て市町村長の選擧を行ひ當選者が定まつたならば、其の當選者に對し直ちに當選の告知をしなければならぬ。而してこの當選の告知は市町村會の代表者たる市町村會議長の名に於て之を爲すべきものであると思ふ。(或は市町村長就職と云ふことは、個人と市町村自治體とに取結ばるゝ自治契約たるべきものであるとの論からして、市町村を代表する市町村長に於て當選の告知を爲すべきものであると解するのが妥當なりとの論があるかも知れない。而してそれにも一理あると思ふが、然し市町村長を選擧するのは市町村會の權限に屬せしめられてゐるのであるから、矢張り市町村會を代表する議長に於て當選の告知を爲すべきものと解するが正當であらう。)

(2)　當選者が當選の告知を受けたならば、その當選の告知を受けた日の翌日より起算して二十日目迄に、その當選に應ずるや否やを當該市町村會議長に對し申立てねばならぬ。(此の點に付ても市町村自治體に申立つべきであるとの論があるが、自分は前述の理由に依り市町村會議長に承諾の申立を爲すべきものであると思ふ。) 若しこの二十日の當選承諾期間内に當選を承諾する旨の申立を爲さないならば當選者はその當選を辭したるものと看做され、最早その後に於てその當選に應ずることは出來なくなるのである。 而して當選者に於てその當選を承諾したならば、その承諾の日を以て市町村長の職に就くに至る譯である。

(3) 官吏が市町村長に當選した場合に於ては所屬長官の許可を受けなければその當選承諾を爲すことを得ない。 この點は市町村會議員選擧に於けると全く同一である。

E 市參與、助役、收入役、副收入役、名譽職區長及其の代理者、委員の選擧選定及就職

市參與は市長の推薦に依り市會之を定め、(市制七四・2)市町村助役は市町村長の推薦に依り市町村會之を定むることを原則とし、市町村長職に在らざる場合に於

ては市町村會に於てこれを選擧することを得るのであり、（市制七五・2、町村制六三・2）市町村の收入役及副收入役は全く助役と同様の手續を以て市町村會に於て之を定めまたは例外として市町村會に於て選擧することを得るのである。（市制七九・2町村制六七・3）また市町村の名譽職區長及その代理者竝に委員は何れも市町村長の推薦に依り市町村會これを定むべきものとせられてゐる。（市制八二・2、八三・2、町村制六八・2、六九・2）

以上各種の市町村吏員の選擧又は選定に關する現行規定は、市町村長の選擧に關する現行規定と全く同樣である。從つてその選擧又は選定を行ふべき時期に關する制限竝に當選の告知及當選承諾等に關する規定を缺いでゐる爲、その選擧又は選定に付ても市町村長に於て起ると同樣の疑義を存してゐたのである。依りて今回市町村長選擧に關し、所謂事前選擧に關する制限規定を設け、また當選告知及當選承諾に關する規定を設けその法律關係を明瞭ならしむることゝ爲つたので、市參與、市町村助役、收入役、副收入役、名譽職區長及その代理者竝に委員の選擧及選定に關しても、市町村長に付て設けたる上述各種の規定を準用し、これに依り

従來存した解釋上の疑義を解くこととしたのである。その結果、

(1) 市參與、市町村の助役收入役副收入役名譽職區長及其の代理者竝委員の在職中に於てその後任者を選定し又は選擧するのは、現任者の退職すべき日前二十日以内(及市町村助役に付ては現任助役の退職の申立ありたる場合に於てその退職すべき日前二十日以内)でなければこれを行ふことを得ないことに制限せられたのである。(改正法、市制七四・3、七五・3、七九・2、八二・2、八三・3、町村制六三・7、六七・3、六八・2、六九・3)

(2) 以上の市町村吏員たるべき者を市町村會に於て決定しまたは選擧したならば、市町村會議長は直ちにその當選者に當選の旨を告知しなければならぬ。當選者その當選の告知を受けたならば、その告知を受けた日の翌日より起算して二十日目迄に、その當選に應ずるや否やを市町村會議長に申立てねばならぬ。若しその承諾期間内に當選に應ずる旨を申立てないならば、その者は當選を辭したものと看做される。仍ほ官吏がこれ等の吏員に選定せられまたは選擧された場合に於ては、所屬長官の許可を受けなければその當選に應ずることを得ないのである。(改正法・市制七四・3、七五・3、七九・2、八二・2、八三・3、町村制六三・7、六七・3、六八・2、六九・3)

第四　自治事務の內容及執行を合理的ならしめんとする改正條項

今回の地方制度改正は、自治權の擴充と云ふことをその主要目的としてゐるのであるが、これに關連して、現行法規中に自治運用上不備不便の存するものに對しても改正を加へ、これに依り自治の合理化を期せんとし、相當多方面に涉り法規の改正を行つた。これよりその主要なる改正條項に付簡單なる敍說を加へて見たいと思ふ。

A　選擧人名簿に關する異議の決定

一　市町村會議員の選擧人名簿に關する異議に付ては、現行の市制町村制は、異議はこれを市町村長に申立て、市町村長はこれを市町村會の決定に付し、市町村會に於てこれを決定すべきものとしてゐる。この市町村會を以て異議決定の機關とした立法の趣旨は必ずしも明瞭でない。卽ち異議の決定と云ふことは一種の裁判行爲であるから、この裁判機關には市町村會を之に充てようと云ふ單純な理由に基くものであるか、乃至は更に選擧人名簿は市町村會議員選擧有權者の基本臺帳であるから、これに關する異議に付ては、一應市町村會をして審査せしむるのが適當であると云ふ積極的理由を存するのであるか、その邊に至りては必ずしも明かでないけれども、また考へ方に依りては、選擧人名簿に關する異議の決定は、第一段に於て名簿の調製者たる市町村長をして之を爲さしむるのが適當であると謂ふことも出來ると思ふ。何となれば、市町村長は調査の手を盡して正確なる名簿を調製した積りであるが、その關係者より色々異議の申立があつたならば、これに基き自己の調製した名簿に間違があるか否かを再調し、若しその異議を以て正當なりと認むるときは、直ちにその名簿に付適當に處置を加ふることゝするのは、事務處理の實際から見て適當であるのみならず、名簿の修正を要する場合に於ても、市町村長が異議決定機關と爲つて居るならば直ちに之を修正することを得て、速にょり正確な名簿を使用し得るの利益があるからである。斯樣にして名簿に關する異議決定機關を市町村會及市町村長の何れにするかと云ふことに付ては、何れにも相當の理由を存するのであるが、改正法に於ては、後者に依るを適當と認め、從來の主義を改め、市町村會議員選擧人名簿に關する異議は、市町村長に於て之を決定することに改めたのである。

二　斯の如くにして市町村長が異議決定機關と爲つた結果相當規定の改正が行はれたが、それに付ては左の諸點に注意することを要する。

(1)　新規定に依る異議の決定期間は異議の申立を受理した日から十四日である。從來は市町村長が市町村會の決定に付すべき期間に三日を留保した爲、市町村會が異議を決定すべき期間は十日とせられてゐたが、新規定に依れば異議の申立を受理する機關が同時にその決定機關と爲つたので、決定期間にもそれだけ餘裕を設くることゝ爲つた次第である。

(2)　市町村長に於て名簿を修正すべきものと決定したならば(例へば名簿に登錄せらるべき者が登錄せられてゐないとの異議に對し、その申立を是認してこれを登錄すべきものと決定し、または名簿に登錄せらるゝことを得ない者が誤つて登錄せられてゐるとの異議に對し、これを名簿より抹消すべきものと決定した場合)市町村長は直ちに名簿を修正せねばならぬ。從來は名簿の調製と異議の決定とが別個の機關に依つて取扱はれてゐた爲、名簿を修正すべきものと決定しても、その決定が確定するまでは、名簿の調製者に於て之を修正する必要もなく、また修正することも出來なかつたのであるが、新規定に依れば異議の申立を以て名簿調製者に再審査を求むることゝ爲つたのであるから、調製者自ら名簿を修正すべきものと決定した以上、直ちにこれを修正すべきものと爲すことが適當であるから、新規定に於ては異議決定の結果「名簿ノ修正ヲ要スルトキハ直ニ之ヲ修正スベシ(改正法・市制二一ノ三・1、町村制一八ノ三・1)と云ふことにされたのである。

(3)　名簿に關する異議の決定に付て認めらるゝ行政救濟としての訴願訴訟は現行法と全く同一であるが、たゞ現行法に於ては市町村會が異議決定機關であつた爲、その決定に關し市町村長に對しても訴願提起權を認めてゐたけれども、改正法に於ては市町村長が同時に異議決定機關と爲つた爲、市町村長に對し異議の決定に對する訴願提起權を認める必要がなくなつた。この點は改正法が現行法と

相異する所である。（改正法・市制二一ノ三・3、町村制一八ノ三・3）

(4) 異議の決定を爲したときは市町村長に於て直ちにその要領を告示することと、また名簿を修正したときは直ちにその要領を告示することは、現行法に於ても同様であるが（市制三九、二一ノ四・3、町村制三六、一八ノ四・3）改正法に於て此の黠に關し特に規定（市制二一ノ三4、町村制一八ノ三・4）を設けたのは、從來の規定は、市町村會の決定に關する規定であつた爲、その當該條項を改めると同時に新に規定を加ふるの必要を生じたに外ならぬ。

三 現行法に依れば、市町村會議員選擧に關し投票分會を設けた場合には、必ずその分會の區劃毎に選擧人名簿の抄本を調製しなければならぬやうな規定になつてゐる。（市制二一ノ四・5、町村制一八ノ四・5）然しながら、投票分會に於て名簿の抄本を必要とするのは、例へば當該市町村に於ける選擧人名簿は一冊に作製せられてゐる爲、投票分會に名簿の一部を分割して持參することが出來ないやうな場合であつて、畢竟名簿の抄本でも用ゐなければ選擧を執行することが出來ない場合に外ならぬ。從つて偶々投票分會の區劃毎に選擧人名簿が分綴されてゐると云ふやうな場合には、何も名簿の抄本を調製してこれを使用するが如き重複した手續を採る必要はない。[(1)(2)] それ故に改正法に於ては、投票分會を設けた場合に選擧人名簿の抄本を調製することに關する規定を改正し、例へば名簿が投票分會の區劃毎に分綴せられ、投票分會に於ても選擧人名簿を使用し得る場合には、名簿の原本を用うべく、これに反し、名簿が投票分會の區劃に應じて分綴されてゐない等の爲、名簿の抄本を調製しなければならないやうな場合に於ては、名簿の抄本を調製し之を使用すべきことに規定を改正したのである。

註(1) 現行法に依れば、苟も投票分會を設けたならば必ず名簿の抄本を調製しなければならぬやうな規定になつてゐるけれども、事實名簿が投票分會の區劃毎に分綴されてゐるやうな場合には、名簿の原本を用ゐて選擧を執行して差支なく、態々名簿の抄本を作るやうな無駄な手續をしないでもよいやうな取扱になつてゐるのであるが、これは相當思ひ切つて法規の補充解釋をした結果であるから、今回の改正法に於てはこの趣旨を法文の上に明瞭ならしむることとしたのである。

(2) 「投票分會ニ於テハ選擧人名簿ノ抄本ヲ調製使用スヘキ規定ナルモ豫メ投票分會ノ區劃ニ依リ名簿ヲ調製シタル場合ハ原本ヲ使用シ差支ナキモノトス」(昭和二、九、五、通牒)

「府縣會議員選擧ノ場合ニ於テ市町村ノ區域ヲ分チテ數投票區ヲ設ケタル場合市町村長ニ於テ豫メ投票區每ニ選擧人名簿ヲ分册調製セル場合ハ選擧人名簿ノ抄本ヲ調製スルコトナク其ノ原本ヲ送付スヘキモノトス」(昭和二、六、三〇、省議決定)

B　地方議會の會期延長

一　現行の自治制に依れば、府縣會にも市町村會にも共にその會期を延長すると云ふことは認められてゐない。今回の改正に於ては必要なる程度に於て地方議會の會期延長の制度を設けることが適當なりと認め、その規定を加へたのである。以下この點に付府縣會と市町村會とに分ちて述べて見よう。

二　府縣會には通常會、臨時會及解散後初めて招集せらるる特別府縣會の三種がある。就中通常會の會期は三十日以内臨時會の會期は七日以内たるべきものとし、而してその期間は府縣制の規定を以て一定せられた所謂法定期間であるから、府縣知事に於て勝手にこれを變更することを許さない。(府縣制五〇・2)また特別府縣會も府縣知事がその會期を定めることにはなつてゐるが、一度その會期を定めた以上、これを短縮しまたは延長することは法の認めざる所である。（府縣制一三一・3）　斯の如くにして現行法に於ては、府縣會の議事進行の狀況を斟酌し更に會期を延長する途を設けてゐない爲、議案審議中に會期盡きて未議了に終り、府縣知事に於て內務大臣の指揮を申請するに至ることが必ずしも稀でない。固より府縣會は相當の期間にその議案を議了すべきものであつて、徒に會議を遷延することは許すべからざることであり、法律が府縣會に會期を付してゐるのは畢竟この趣旨に出づるのであらうけれども議事の情況に依りては所定の會期に對し更に數日の餘裕を與ふるならば、これを議了することと可能なる場合も決して稀でない。從つて斯かる場合に於て、府縣知事に對し會期を適當に延長し得る權限を與ふることは、府縣の自治を尊重する所以であり、且府縣自治事務の執行上から見ても便宜であると謂はねばならぬ。たゞ府縣知事に府縣會の會期延長の權を認むるとしても、無制限にこれを延長し得ることゝしたならば、結局法律が府縣會に法定期間を設けた趣旨を沒却するに至るから、その延長し得る會期は相當之を制限しなければならぬ。依つて新規定に於ては、府縣知事は三日以內府縣會（通常會、臨時會、特別會を通じ)の會期を延長することを得ることゝしたのである。

府縣知事に於て府縣會の會期を延長するには必ずしもこれを常に三日に限るの必要はない。從つて一日づゝ延長しても差支ないと思ふが、その最大限度は三日であるから、通じて三日を超えて會期延長を爲し能はぬことは勿論である。また特に日限を指定せずして單に會期を延長する旨を宣告した場合には、それは最大限度たる三日間の延長を爲したものと解すべきであらう。仍ほ府縣會の會期を延長した場合には、府縣知事はその旨を告示し一般に周知せしめねばならぬ。

以上の如く府縣會に付ては會期延長の制度を設けたけれども、府縣參事會に付ては、特に會期を延長し得ることを認めなかつた。これは今日實際の狀況に鑑み必ずしもその必要なしと認めた結果に外ならぬ。

三　市町村會は府縣會と異り、會期を付せずして招集するのが原則である。而して會期を定めずして招集した市町村會に關しては、固より會期延長の問題は起らない。所が市町村會は、それと同時に市町村長に於て必要と認むる場合に於ては(例へば特殊の事件に付特に期限を限りて議決を必要とするが如き場合)市町村長は會期を定めて市町村會を招集することも出來る事と爲つてゐる。而してこの會期を定めて招集せられた市町村會に付て、會期を延長し得る途を開くのが便宜であることは、府縣會に付て申述べたと全く同樣である。依りて改正法に於ては、會期を定めて招集した市町村會に付ては、市町村長に於て必要ありと認むるならば「更ニ期限ヲ定メ市町村會ノ會期ヲ延長スルコトヲ得」（改正法・市制五一・2、町村制四七・2）る事としたのである。只府縣會の會期延長と異る所は、府縣會の延長期間は「三日以內」と限定せられてゐるに反し、市町村會に付ては延長し得る期間を市町村長の裁量に一任してゐる點であるが、これは畢竟市町村會に於てはその會期自身が市町村長の認定に依り自由に定め得ることゝ爲つてゐるのであるから、止むを得ざる必要に基きその會期を延長するに當つても、これを如何程延長すべきかは、市町村長をして適宜に定めしめて然るべしと云ふ理由に外ならぬ。從つて、市町村長の裁量に一任せられてゐるとは云ふものの、元來會期を定めて招集せられたる市町村會は、その會期內に於て議案の議了せらるゝことを期待してゐるものであるから、徒に長くその會期を延長するが如きは法の精神に反すること勿論であり、また實際問題としても、市町村會招集者たる市町村長が會期を定めたる當時の意思を擴充するならば、更に延長せらるべき會期は極めて短時日なるべきは當然であると考へる。

市參事會も會期を定めずして招集されるのが原則である。然し必要に依りては會期を定めてこれを招集し得ることゝ爲つてゐるが、この會期を定めた參事會に付ては、殊更に會期を延長し得る途を開かなければならぬ必要は存しないと思はれる。然しながら市制に於ては會期を定めて參事會を招集する場合に付ては前掲市會に關する規定が準用されてゐる結果、自然市參事會にも會期延長の制度が認められてゐるけれども、それは畢竟市會に關する規定準用の自然の結果に過ぎないのであつて、府縣參事會と市參事會との間に於て、特にこの點に關し差異を設けねばならぬと云ふ積極的理由が存する譯では勿論ないと思ふ。

C　地方議會に於て行ふ選擧の方法

一　地方議會に於て行ふ選擧の方法は、今回の改正に依り全然その面目を一新するに至つたのであるが、その内容を要約すれば(1)一人毎に各別に選擧する方法を改め、二人以上を選擧する場合に於ても一の選擧を以て之を行ふことゝしたること、(2)當選權に關しては絶對多數主義を改めて比較多數主義に依ることゝしたること、(3)指名推選の法は嚴重なる制限の下に之を認むることゝしたること、(4)連名投票の法(從來市町村にのみ存した)はこれを廢止したること、以上の四點に歸著する。これよりその内容に付て簡單に述べて見たいと思ふ。

二　改正法の規定に依る通常の選擧の方法(卽ち投票に依る選擧の方法)は、「投票ハ一人一票ニ限リ」「投票用紙ニハ被選擧人一人ノ氏名ヲ記載シテ投函ス」ることを要し、而して當選者の決定に付ては、「有效投票ノ最多數ヲ得タル者ヲ以テ當選者トシ」「當選者タルニハ選擧スヘキ員數ヲ以テ有效投票ノ總數ヲ除シテ得タル數ノ五分ノ一(府縣會)又ハ六分ノ一(市町村會)以上ノ得票アルコトヲ要ス」ることゝ爲つた。反之、現行法に於ける選擧の方法は、「一人毎ニ無記名投票ヲ爲シ」「有效投票ノ過半數ヲ得タル者ヲ以テ當選者トシ過半數ヲ得タル者ナキトキハ最多數ヲ得タル者二人ヲ取リ之ニ就キ決選投票ヲ爲サシム」ることゝ爲つてゐる。從つて現行法と改正法とを比較すれば、左の二點に於て重要なる差異を存するのである。

(1) 現行法に於ては數人を選擧する場合には、一人宛數回別個の選擧を行はなければならぬが、改正法に於ては選擧すべき員數は常に一の選擧に依りこれを選出する。

(2) 現行法に於ては有效投票の過半數を得なければ當選者と爲ることを得ない。若し過半數の得票者がない場合に於ては、最高得票者二人に付決選投票を行はなければならぬが、改正法に於ては、有效投票の最多數を得た者を以て當選者とし(二人以上を選擧する場合には得票順に依りて當選者を定め)只その當選權に關し所謂法定得票數の制限があるのみである。

惟ふに今回の改正の目的とする所は、地方議會に於て行ふ選擧に付ても少數代表の思想を加味し、多數の專制を防止せんとすることに存するのである。蓋し現行法の規定は、前述せる如く、數人を選擧する場合に於ても一人每に各別に選擧を行ひ、絕對多數主義に依り當選者を定め、萬一過半數の得票者がないならば、更に決選投票を行つて當選者を定めるのであるから、常に多數黨が勝利を占め、少數黨は全く代表者を選出する機會を奪はれてゐる。そこで改正法に於てはこの弊を矯め、比較多數主義に從つて少數保護の趣旨を加味することとした譯である。今これを實例を以て說明すれば左の如くである。

例へば三十六人を以て定員とする縣會に於てA派二十人、B派十人、C派六人なりとし、この縣會に於て三人の委員を選擧するとせば、現行法の規定に依れば、一人毎に各別に三回の選擧を行ふのであるから、三回共A派がその候補者に二十票を投ずることに依り、總てを多數黨たるA派に於て獨占することゝなるが、改正法の規定に依れば、三人を一の選擧を以て選擧するのであるから、この場合に於ては、所謂當選標準數だけの得票ある候補者は絶對に落選することはない。而してその當選標準數は(投票總數÷(選擧すべき員數+1)+1)であるから(何となれば假りに投票總數が百票ある場合に、絶對に落選せざらんとせば五十一票の得票あればよいのであつて、而してその五十一と云ふ數は、選擧すべき員數一に一を加へたる二を以て一〇〇を除しその商五十に一を加へたものに外ならないからである)最悪の場合を想像しても此の場合　$36 \div (3+1)+1=10$　即ち十票を得れば必ず當選するのであるから、B派も亦その候補者一人だけは疑なく當選せしむることを得て、少數代表の機會を得ることゝ爲る譯である。

三　以上の如くにして改正法に於ては、府縣會市町村會等に於て行ふ選擧の方法も、一般の通則に從ひ、絕對多數主義及一人每に行ふ選擧の方法を廢するに至つたのであるが、從來と雖も府縣參事會員及市參事會員の選擧だけは、特例として今回改正せられたと同樣の方法を以て之を選擧することゝしてあつた。これ蓋し、參事會は府縣又は市の副意思機關であるから、府縣會又は市會に於ける勢力をなるべくそのまゝに表現せしめんとし、多數黨に於て參事會を獨占するが如き選擧の方法を避けたものと思はれる。（府縣制六六・3、市制六五・2）然しながら今回の改正に依り、府縣會又は市會に於て行ふ選擧が、從來參事會員選擧に付て認められてゐた方法と同一の方法に依ることに變更された爲、將來參事會員選擧に付て特例を認むる必要はなくなつた譯である。

斯樣にして參事會員の選擧に付ては、特例を認めず府縣會又は市會に於て行ふ選擧の一般原則に依ることゝ爲つた結果、參事會員の選擧に付ても將來指名推選の法が用ゐられ得ることゝ爲つたことは注意して置く必要があると思ふ。

四　改正法に於ても特殊の選擧方法として指名推選の法を認めてゐる。然し

ながら改正法に依る指定推選の法は、現行法に於ける指名推選の法と餘程その趣を異にしてゐる。即ち、

(1)　改正法に於ては、指名推選はその府縣會又は市町村會に於て「議員中異議ナキトキ」に限りこれを用ゐ得るのであつて、現行法に於けるが如く、府縣會又は市町村會の議決を以て指名推選の法に依るべきや否やを決するに比し、その條件が極めて嚴重である。

(2)　改正法に於て指名推選の法を用うる場合に於ては「被指名者ヲ以テ當選者ト定ムベキヤ否ヲ會議ニ付シ議員全員ノ同意ヲ得タル者ヲ以テ當選者トス」るのであつて、現行法に於て過半數の同意を得るを以て足ると爲し、また豫め指名者一任の方法に依り、更めて被指名者を會議に諮るの必要なしと解してゐると比較すれば、この點に於ても、改正法に於ける條件は嚴重である。

(3)　指名推選の法に依り二人以上を選擧する場合に於ては、被指名者を區分してこれに同意を與ふることを得ずとの制限が、改正法に於ては設けられてゐるが、現行法に依る指名推選は一人毎に行ふ選擧を投票に依らずして行ふと云ふだけ

のことであるから、改正法に於けるが如き制限のないのは當然である。

指名推選は簡易なる選擧の方法であつて、投票に依る選擧の外この便法を認めて置くことは、行政の實際に鑑み適當であると考へる。只然し乍ら、現行規定に依る指名推選の法をそのまゝ踏襲することは、投票に依る選擧の方法に關し前述の如き根本的の變更を加へ、以て少數保護の趣旨を加味した趣旨を破壞するに至る虞があるので、投票に依る選擧方法を改正すると共に、一面指名推選の法に付ても上述の如き改正を加へ所謂少數保護の趣旨を貫徹することになつたのである。

惟ふに改正法が、指名推選の法に依るには議員全員の同意を得なければならぬことにしたのは、現行法に於けるが如くこれを普通の議決の方法を以て決することゝするときは、結局その採否は議會の過半數を以て決せられる譯であるから、改正法に於て折角投票に依る選擧の方法に關する根本原則を改めたことが無意義と爲り、過半數を有する多數黨派の專制は指名推選の形を以て行はるゝに至る虞あるに依り、これを防止せんとした爲である。また改正法が指名推選の法に依る場合に於ては、必ず被指名者を會議にはかり、議員全員の同意を得た場合に於てのみこれを當選者とすることに改めたのは、現行法に於けるが如く當選者たるには過半數の同意を以て足ることゝするときは、議員の過半數を有する黨派は、先づ指名推選の法に依ることに付ては全員一致を以て同意するやう議會を取纏め、その後指名者を自黨に收めて自黨に屬する者のみを指名せしめ、過半數の同意を以て之を當選者とするが如き不正の策謀をこらすことがないとも限らない。斯くては折角の制度改正も、最後の決定に於てその本旨を覆さるゝ虞があるので斯く改められたのである。仍ほ最後に、改正法に於ては、指名推選の法に依り二人以上を選擧する場合に於ては、被指名者は一括してこれに同意しまたは不同意の意思を表示しなければならないのであつて、被指名者を區分しその一部の者に對してのみ同意することを得ざらしめたのは、上述せる指名推選に於ける當選者決定の原則を擴充せんとした結果に外ならぬ。卽ち萬一被指名者を區分して贊否を決し得ることゝするときは、これが爲選擧が不正なる策謀に依り、その結果を變更せしめらるゝに至る虞があるからである。斯樣にして改正法に於ては、指名推選の法に關しては可なり嚴重なる條件を付したのであるが、これは畢竟投票に依る選擧の方法を變更し、少數保護の趣旨を加味せんことを期したことに伴ひ、その目的を一貫せんが爲當然必要とせらるべき制限に外ならぬ。

五 改正法に於ては、從來市町村會に於て行ふ特殊の選擧方法として認められた連名投票の法はこれを廢止することゝした。(市制五五・3、町村制五一・3)蓋し連名投票とは二人以上を選擧する場合に於て、その選擧すべき員數の全部を投票用紙に記載して投票する方法である。從つて、議會に於て過半數を制する黨派は、選擧すべき員數の全部に過半數の投票を爲すことを得ることゝなるのであるから、從來の議會に於ける選擧の原則たる絶對多數主義と結果に於ては全く同一である。それ故に改正法に於ては連名投票の法を廢止しなければ、今回の改正の目的を充分到達し得ないことは別段説明するの必要もないであらう。

D 地方議會の權限委任

一 現行法は府縣會又は市會の權限に屬する事項の一部を、その議決に依り、府縣參事會又は市參事會に委任し得ることを認めてゐるけれども、(府縣制八七、市制九二ノ二）府縣會又は市町村會がその權限を府縣知事又は市町村長に委任し得る規定を設けてゐない。その理由とする所は、蓋し、地方自治體には意思機關と理事機關との兩種の機關を認め、前者をしては專ら地方自治體の內部意思決定に鞅らしめ、後者をしては專ら地方自治體を外部に向つて代表し事務の執行を掌らしめんとしてゐるのであるから、法律に於て本來意思機關の議決に依りて團體意思を構成せしめんことを期してゐる事項を、理事機關の專斷で執行せしめる途を開くことは、この自治制度上の原則に背反し不適當であると云ふことに存するのであらう。然しながら、地方自治體の意思機關は獨り府縣會市町村會のみならず、府縣參事會及市參事會も亦所謂副意思機關として、團體意思を決定するの權を有してゐる。而して現行法は、既に參事會の權限に屬する事項の一部は、その議決に依り府縣知事または市長に委任し得る途を開いてゐるのであるから（府縣制八七、市制九二ノ二）、所謂意思機關及理事機關對立主義と云ふことは、必ずしも絕對的に徹底されてゐる譯でもない。若し複委任の形式を採るならば、府縣會又は市會の權限に屬する事項が府縣知事又は市長の權限に委任せらるゝことは、現行法に於ても明に認むる所なるのみならず、今日地方自治の實際に於ても、この複委任を實行してゐるものが必ずしも稀でない。また他の一面より考ふるならば、成程意思機關と理事機關との權限を相對立せしむることは、現行自治制度の基本原則であるに違ひないが、この原則が如何なる程度にまで嚴守せられなければならぬかと云ふことは一の問題であつて、意思機關の權限に屬する極めて輕易なる事件の一部の處理を理事機關の處理に一任したからと云つて、それが爲必ずしも意思機關と理事機關との權限の對立が紛淆せられたとまで潔癖に論じ詰める必要もないのではあるまいか。殊にその委任は意思機關自身の議決に待つものであるから、固より不都合はないやうに考へられるのみならず、實際に於てはかかる制度を設くることに依り、事務の敏速と簡捷とを圖り得ることも決して少くあるまいと思ふ。更に府縣及市と町村とを比較するに、府縣及市に付ては參事會に對する委任と參事會よりの委任とに依つて、ある程度の事務簡捷は圖り得るけれども、町村に於ては斯かる制度が全く存せざる爲、制度上彼此その權衡を失してゐると云ふ憾があつた。依りて今回の改正に於ては、府縣市町村を通じ、府縣會又は市町村會の權限に屬する事項の一部は、その議決に依り、これを府縣知事又は市町村長に委任することを得ることゝしたのである。

二　府縣會市町村會の權限委任に付ては左の諸點に注意することを要する。

(1)　理事機關に委任し得る事項は府縣會又は市町村會の議決すべき事項に限るのであつて、それ以外の權限例へば選擧の權爭議決定權等の如きは、固より委任し得る範圍に屬しない。

(2)　議決すべき事件に付てもその委任し得る量は、常に議決を要する事項の一部に限るのであつて、ある種の議決權の全部(例へば營造物管理方法の決定に關する件全部)を委任すると云ふが如きは、この規定の精神に反するものであつて、固よりこれを爲し得べきものでない。

(3)　府縣制第八十六條、市制第九十二條、町村制第七十六條の規定に依る府縣知事又は市町村長の專決處分に對しては、各本條の規定に準じ訴願訴訟を認めてゐるに拘らず、前述の委任に依る專決處分に對し何等行政救濟の途を開いてゐないのは、この種の專決處分は前述した通り、府縣會又は市町村會の議決すべき事件に付て專決處分することを認めただけであるから、これに對し訴願訴訟の途を存せざるは事理の當然である。

Ｅ　市に關する原案執行指揮權の所屬變更

一　現行法に於ては、所謂原案執行(この用語は必ずしも本項の說明に用うる用語として適當でなく且盡さざる所もあるが、一應本項に揭ぐる各種の場合を代表する用語と假定し、便宜この詞を以て說明を進めて行きたいと思ふから、この點を豫め了承して置いて載きたい。)に關する指揮乃至決定を求むべき機關が、府縣及町村は概ね同一であるに拘らず、只市のみはその機關を異にしてゐた。今市と町村とに於ける手續を比較するに、

(1)　市町村會又は市參事會の議決が公益を害し又は市町村の收支に關し不適當であると認むるときは、先づこれを再議に付するのであるが、再議に付しても仍ほ市町村會又は市參事會がその議決を改めずして、再び害公益又は收支不適當の議決を爲した場合に於ては、町村に在りては、町村長は當該事件に付府縣知事の處

分を請ふことを得るのであるが、市に在りては、當該事件に付府縣參事會の裁決を求めねばならぬことに爲つてゐる。（市制九〇・6、町村制七四・6）

(2)　町村會が成立せぬとか、町村制第四十八條に規定する非常會議の方法に依るも仍ほ會議を開くことが出來ない場合には、町村長は府縣知事の指揮を請ひその指揮に從つて町村會の議決すべき事件又は決定すべき事件を處置することを得るのであるが、市參事會が成立せぬとか、市制第七十條に規定する非常會議の方法に依るも仍ほ會議を開くことが出來ない場合には（市會が成立せぬとか非常會議の方法に依るも會議を開くことが出來ぬ場合には、市會の議決すべき事件または決定すべき事件は市參事會の議決又は決定に付することに爲つてゐる）市長は市參事會の議決すべき事件または決定すべき事件（市會の議決し又は決定すべき事件も前述の如くにして結局包含されることになる）に付府縣參事會の議決又は決定を請ふことになつてゐる。（市制九一・3、町村制七五・1 3）

(3)　市町村會がその議決すべき事件を議決しない場合、またはその決定すべき事件を決定しない場合（卽ち全然議事を進めない場合または議事は進行してゐたがそのうち會期盡きて不議了に終つた場合)に於ても、町村に在りては、町村長は府縣知事の指揮に依りその事件を處置することを得るのであるが、市に在りては、市長は府縣參事會の議決又は決定を請ふのである。(市制九一・4 5、町村制七五・2 3)

二　現行法に於ては以上述ぶるが如く市と町村とに於て同一事件に關する取扱を異にしてゐるのであるが、その制度上の相異には別段積極的理由がある譯でなく、制度の本質から見ればその何れかに統一せらるべきものなることは疑を存しない所である。惟ふに現行自治制度に於て、府縣參事會に對し、下級自治體たる市町村の行政に關する監督權を與へてゐるものも決して少くないのであるが、それは概ね市町村行政に於ける法規の解釋の問題、換言すれば行政事務の執行の適法違法を判斷する場合であつて、謂はゞ一種の裁判機關として、市町村行政に對し監督權を行使せしむるのが通常である。蓋し我が國に於ける行政裁判の機關としては、行政裁判所は中央に設置さるゝのみであつて、特設の地方的裁判機關を存しない。依りて自治制の設定さるゝに當り、地方自治事務に關する限りに於て、府縣參事會を以て一種の地方的行政裁判機關たる働きを爲さしめることとするのは、亦便宜に出でたる一方法であつたに違ひない。然しながら府縣參事會は市町村行政に關する一般的監督機關ではない。曾ては府縣參事會に對し市町村行政に關する許可權を付與してゐた事もあつたが、(1)今日に於ては全く斯かる制度を存せず、府縣參事會の監督的權限は、裁決、裁定又は決定の形式を以て行はるゝの狀況である。翻つて前に列擧した害公益の議決、收支不適當の議決、議會が議事を行はざる場合、または行ひ得ざる場合等に關する措置等に付て考ふるに、以上各種の事件に處してこれを如何に處置すべきやは、何れも一般監督權に從つて判斷せらるべき自由裁量の問題であつて、法規を解釋しある種の行爲の適法違法を判斷するとは全くその性質を異にしてゐる。從つてかゝる事件の處置方を一般的監督機關に非ざる府縣參事會の權限に屬せしむる事は、制度として不適當であると謂はねばならぬ。殊に既に町村行政の範圍に於ては、これを府縣知事の權限に屬せしめ、また府縣行政に關しても、槪ねこれと同種の問題はこれを內務大臣の指揮權に服せしめてゐるに拘らず、獨り市行政に付てのみこれを府縣參事會の裁決又は議決に待つこととするは、制度としての統一を缺くとの非難も免れ難いであらう。(2)

依りて今回の改正に於ては、此の種の問題に關する市に於ける矯正手段に變更を加へ、何れも府縣知事の指揮を請ひて事件を處置すべきことに改めたのである。

（改正法・市制九〇ノ二、九一）

註（1） 舊市制一二三、舊町村制一二七に依れば現行市制一六七、町村制一四七に於て府縣知事の許可を要するものと規定されてゐる事項に付ては、市は府縣參事會、町村は郡參事會の許可を受くべきものと規定されてゐる。これは畢竟舊市制町村制はプロシヤの制度を模倣したことに原因するものであらうが、その後制度の改正に依り、これ等の裁量處分は一般監督官廳たる府縣知事（又は郡長）に移さるゝこととゝ爲つたのである。

（2） 大正十五年地方制度改正の際、町村制に於ては本文記載の事項に付て改正の必要を生じた。それは即ち大正十五年七月一日より郡長が廢止せらるゝ結果、これ等諸件に關する指揮權が從來郡長に屬してゐたのを、郡長廢止後如何なる機關に屬せしむべきやの問題を生じたのである。而してこの問題に付ても市制の規定同樣、此の際これを府縣參事會の裁決又は議決を請はしめることとすべしとの論もないではなかつたが、大體の傾向は本文敍述の通りの考へで、當然府縣知事の指揮に服せしむべきものであると云ふことに向つてゐた。而して斯くするときは現行市制の制度を如何にするやと云ふ問題が殘つたが、これは不適當ではあるが、今回は結局現行法をそのまゝとすると云ふことになつたのであつた。

F　市町村吏員に對する國政事務等の委任方法

市町村長をはじめ市町村吏員は市町村の理事機關として市町村の自治事務を處理する職務權限を有すると同時に、一面法令の定むる所に依り國、府縣その他公共團體の事務を處理する義務を負ふてゐることは今更述ぶるまでもないことである。現今の行政組織に於ては、地方人民に直接するものは市町村の機關であるから、國政事務等もその事務の種類に依りてはこれを市町村長其の他の吏員に委任しこれを管理せしめなければならぬものの存することは、止むを得ないことであると思ふ。然しながら、元來市町村には自治體として管理すべき多くの公共的勞務が存在するのであるから、無暗に他の團體の事務を市町村長等に委任せられることは迷惑な話であるのみならず、現行制度の下に於ては、その事務に要する經費は當該市町村の負擔とせられてゐるのであるから、市町村の事務能率の上から見ても、また市町村の負擔の上から考へても、吏員に對する國政事務等の委任に付て、相當嚴格なる制限を加へなければならぬと云ふことは、既に一般に是認せられてゐる所である。然るに現行市制町村制に於ては、市町村吏員に對し國府縣其の他公共團體の事務を委任するのは、法律勅令のみならず、省令以下の行政命令を以てもこれを爲し得ることゝせられてゐる爲、市町村は殆んど官廳の意のまゝに他の團體事務を委任せられ、而もこれに要する費用は、所謂必要費用として當該市町村の負擔に歸せしめらるゝ狀況である。一面市町村自治體に對する事務の委任及經費負擔を命ずる方法に付て觀察するに、市町村そのものに對する事務の委任は、市制町村制施行後に於ては法律勅令に依らなければならぬ事とし、(市制二、町村制二)經費負擔義務に付ても同樣法律勅令に依らざるべからざるものとしてゐる。(市制一一六・1、町村制九六・1)これ全く市町村の公共事務の伸張を保障し、また經費負擔が徒に增大する事を防止せんとしたに外ならないのであるが、而も一面に於て市町村吏員に對する事務の委任が廣く一般法令に解放せられ、これに要する費用が市町村の負擔に屬せしめらるゝ限り市町村そのものに對する事務委任乃至費用負擔に關する制限は、その目的の大半を破られてゐる譯である。殊に最近に於ては、社會事情の變遷に伴ひ、地方自治體殊に市町村が、一般社會の消費生活に於ける各種の施設に對し積極的に手を染めて、地方人民の福利を增進しなければならぬ趨勢と爲り來つてゐるに拘らず、他の一面に於ては地方財政は比年膨脹し來り地方負擔は益々過重と爲り來つた爲、これに對し充分の整理節約を加へて地方財政の基礎を確立せしめねばならぬ情勢に在る。これが爲には地方財政を各種の方面より調査討究してこれに合理的統制を加へて行かなければならぬ次第であるが、その一方法として、先づ將來市町村吏員に對し國府縣其の他公共團體の事務を委任するには、必ず法律勅令に依らなければならぬこととし、省令以外の命令を以ては市町村吏員に事務を委任し、市町村をしてその經費を負擔せしむることを得ざらしむることとすることは、刻下に於ける最少限度の必要であると考へる。依りて今回の改正に於ては、將來市町村吏員に對し、國府縣其の他公共團體の事務を委任するのは、法律勅令に依らねばならぬことに改めたのである。（改正法・市制九三、町村制七七）

G　法人合併又は相續開始の場合に於ける納稅義務の擴張

一　現行法に於ては、府縣稅及市町村稅を通じ、(一)法人の合併があつた場合に於て、その合併に依り消滅した法人が、旣にその合併前に府縣稅又は市町村稅の賦課を受けたる後、その稅を納めずして消滅したならば、この賦課後の府縣稅又は市町村稅は合併後に存續する法人または合併に依り新設した法人から徵收すべきものなることを規定し、また(二)相續開始の場合に於て、被相續人が旣に府縣稅又は市町村稅の賦課を受け、その後に於て相續の開始があつたならば、この賦課後の府縣稅又は市町村稅は相續人又は相續財團(相續人なき場合に於ける相續法人)より徵收すべきものなることを規定してゐるから、(府縣制施行令三八、市制町村制施行令四七)

法人合併又は相續開始前に賦課された地方稅の納稅義務繼承に付ては別段問題は起らないけれども、(一)法人合併前に、その法人に對し府縣稅又は市町村稅を賦課すべき事實が發生してゐたが、未だその賦課を受けざる以前に、その法人が合併に依り消滅した場合には、その消滅した法人に付ては未だ納税義務は確定的に發生してゐなかつたのであるから、新法人が消滅した法人の權利義務を繼承するとは云ふものの、未だ賦課なき租税の納税義務をも承繼するとは云ひ難い。從つてかゝる場合に於ては、その消滅した法人に對し賦課せらるべかりし地方税は、最早何人にも賦課することを得なかつたのである。また(二)相續開始の場合に於ても理論は概ね法人合併の場合と同樣であつて、被相續人に對し府縣税又は市町村税を賦課すべき事實は發生してゐたが、未だその賦課なき以前に相續が開始した場合に於て、その相續が隱居に依つて開始せられたやうな場合には仍ほ被相續人に對しても賦課し得るが、被相續人の死亡に依り相續が開始したやうな場合には最早被相續人に賦課すべかりし地方税は、何人にも之を賦課することが出來ないことになつてゐた。

然しながら法人合併の場合に於ては、新法人は舊法人の權利義務を包括的に承繼するものであつて、たとへ舊法人に付納税義務が確定し(卽ち徵税令書を交付し)てゐないでも、既に課税さるべき客觀的事實が發生してゐるならば、合併後の法人をしてその事實に對するる納稅義務を負擔せしむることが、既に賦課ありたる納稅義務を承繼することゝ彼此對照して極めて合理的であると思ふ。またこれと同樣に、相續開始の場合に於ても、相續なる法律關係の性質上、獨り相續開始前に賦課されたる地方稅の納稅義務に限りこれを承繼することゝするよりも、相續開始前に於て當然課稅せらるべき事實が發生してゐたならば、その事實に對しては相續人又は相續財團を納稅義務者として賦課し得ることゝ爲すのが妥當であると考へる。然しながら、未だ賦課なき地方稅を、前人格者に付發生した事實を基礎として新人格者に賦課するには、新に法律の規定を制定しなければならぬことは謂ふまでもない。依りて改正法に於ては、「合併後存續スル法人又ハ合併ニ因リ設立シタル法人ハ合併ニ因リ消滅シタル法人ニ對シ其ノ合併前ノ事實ニ付賦課セラルベキ府縣稅(市稅)(町村稅)ヲ納ムル義務ヲ負フ」「相續人又ハ相續財團ハ勅令ノ定ムル所ニ依リ被相續人ニ對シ其ノ相續開始前ノ事實ニ付賦課セラルベキ府縣稅(市稅)(町村稅)ヲ納ムル義務ヲ負フ」(改正法・府縣制一〇六ノ二、市制一一九ノ二、町村制九九ノ二)ことを規定したのである。

卽ち右の新規定に依れば、合併に依り消滅した法人に對しその合併前に府縣稅又は市町村稅を賦課せらるべき事實が發生し、未だ課稅せらるることなくしてその法人が合併に依り消滅したならば、合併後存續する法人又は合併に因り新に設立された法人が、その消滅した法人に付發生した課稅を受くべき事實に基き課稅せらるべき義務を負ふことになつた譯である。また相續開始の場合に於ても、被相續人に對し相續開始前に府縣稅又は市町村稅を賦課せらるべき事實が發生し、未だ課稅せられざる以前に相續が開始したならば、その相續人又は相續財團が被相續人に付發生した課稅を受くべき事實を基礎として課稅せらるべき義務を負ふことになつたのであるが、此の相續開始の場合に付ては、法人の場合と異り相當の制限の下に納稅義務を承繼することゝする必要があるので、法律は特に「勅令ノ定ムル所ニ依リ」、その範圍に於て納稅義務を繼承することを規定し、その內容範圍に付ては、これを勅令に委任してゐるのである。然らば相續開始の場合には、如何なる範圍に於て如何なる限度の納稅義務を承繼するのであるかと云へば、先づ第一は戶主の死亡に因らざる家督相續の場合(卽ち隱居に因る家督相續、國籍喪失に因る家督相續、女戸主の入夫婚姻に因る家督相續)に於ては、被相續人は仍ほ生存するのであるから、相續開始の前後如何を問はず被相續人に對し課税を爲し得べく、而してその賦課せられた地方税の徵收に付ては、現行市制町村制施行令第四十七條及府縣制施行令第三十八條の規定を存するが故に、此の場合に於ては、相續人に對し被相續人に賦課せらるべかりし地方税の納税義務を負はしむる必要を存しないことは明瞭である。従て前掲の新規定は、その適用範圍は、第一段に於て「戸主ノ死亡ニ因リ相續ノ開始アリタル場合」に限定せらるべきものであらう。第二は戸主の死亡に因り相續の開始した場合に於ても、特殊の場合には相續人又は相續財團の納税義務の範圍は自ら制限せられねばならぬことがある。卽ら限定承認を爲したる相續人(家督相續人及遺産相續人)の納税義務又は遺産相續人の納税義務は夫れぞれその限定承認を爲したる財産又は遺産相續に因り分割せられたる財産を限度とし、その範圍に於てのみ被相續人に對し賦課せらるべかりし府縣税又は市町村税を納むる義務を負ふことゝ爲るべきである。(1)(2) 但し以上の如き納税義務の範圍程度に付ては、勅令の規定に委任せられてゐることであるから、府縣制施行令及市制町村制施行令の規定の改正を待ちて初めて明となることである。

註(1) 遺産相續人數人ある場合に於ては各相續人は連帶して納稅義務を負ふことゝ爲る譯である。

(2) 本文述ぶるが如き新規定が設けられ且本文述ぶるが如き範圍に於て相續人の納稅義務が規定せらるゝことゝ爲れば、現行の市制町村制施行令第四十七條第一項の規定の解釋にも多少の變更を來さなければならぬ。蓋し現行法の解釋としては、同項は相續開始前に既に賦課せられたる市町村稅のみに關する徵收方法を規定したものとされてゐるけれども、改正法實施後に於ては、戶主の死亡に因る相續開始の場合は新規定に依り相續人又は相續財團が被相續人の納稅義務を承繼し、戶主の死亡に因らざる相續開始の場合に於ては、納稅義務者は依然被相續人であり、而して被相續人に對しては相續開始後に於ても課稅し得べく、而してその相續開始後に賦課せられたる市町村稅の徵收に付ても、市制町村制施行令第四十七條の規定が適用せられると解しなければならぬ。　また左樣解釋するのが適當であると思ふ。

H　附加稅に關する改正

一　現行市制町村制に於ては廣く國稅及府縣稅に對する附加稅を認めてゐる

が、改正法に於ては國税に對する附加税はこれを直接國税附加税に限定することとした。(改正法・市制一一七・i、町村制九七・i)惟ふに從來市町村は直接國稅のみならず間接國稅に對しても附加稅を賦課し得ることを認められてゐるけれども、今日に至るまで間接國稅に對する附加稅を認めた實例がない。のみならず、市制町村制に所謂直接稅間接稅は、財政學上の分類に基き客觀的標準を以て一定せられたものにあらずして、內務大臣及大藏大臣の指定に依り區別せらるるものである。而して今日直接國稅として指定せられてゐる以外の國稅即ち市制町村制上に所謂間接國稅に付ては、各稅法に於て殆んど地方自治體に對しこれに附加稅を賦課することを禁止してゐるのであるから、將來間接國稅附加稅を認むるとするも殆んどその實益はない。のみならず、萬一直接國稅として指定せられてゐる以外の國稅に對し附加稅を賦課するの必要を認むるならば、內務大藏兩大臣に於てこれを直接國稅として指定すれば則ち事足る譯である。それ故に改正法に於ては、この實益なくまた理論としては適正を缺ぐの虞ある間接國稅に對する附加稅はこれを認めざることゝしたのであるが、そのことたるや全く今日の行政に於ける實際を法規の上に表現したと云ふだけのことであつて、之が爲決して市町村の課税權を制限せんとする趣旨でないことは特に御注意を願ひたいと思ふ。

二　現行の市制町村制は直接府縣税の附加税は均一の税率を以て徴收すべきものとしてゐるが、間接府縣税に付ては何等かやうな制限がない。（市制一一七・2、町村制九七・2）然しながら直接税及間接税の區別は前述の通り特殊の事由に基き内務大藏兩大臣の指定に依り定まるものであるから、これが爲間接税なるが故に均一の税率に依るの必要なしと云ふことを得ない。現今行政の實際に於ても、間接府縣税として指定せられてゐるものは遊興税又は觀覽税の如きものであつて、市町村が附加税率を定むるに當りては、これ等間接府縣税も亦雜種税の一に加へ、總括的に雜種税附加税の税率を決定し、若しそのうち間接府縣税の賦課率を他のものと相異せしめんとするならば、府縣知事の許可を受けしむるを適當とすべきが故に、現行法が直接府縣税の附加税に付てのみ、不均一の税率に關し監督官廳の許可を要するものとしてゐるのは適當にあらずと謂はねばならぬ。依りて今回の改正に於ては、「直接國税又ハ府縣税ノ附加税ハ均一ノ税率ヲ以テ之ヲ徴收スベシ

（改正法・市制一一七・2、町村制九七・2）とし、若し府縣稅附加稅に付均一の稅率に依らざらんとせば、直接府縣稅間接府縣稅の別なく、府縣知事の許可を受けねばならぬことゝしたのである。（改正法・市制一六七・第五號、町村制一四七・第五號）

一 府縣會の解散手續の變更

一 現行府縣制の規定に依れば、內務大臣が府縣會の解散を命ずる場合には勅裁を經なければならぬことに爲つてゐる。（府縣制一三一・i） 市町村會の解散に付ては勅裁を經ることを要せざるに拘らず（市制一六二・i、町村制一四二・i） 府縣會の解散に付てのみ勅裁を得なければならぬことゝしたのは、府縣は市町村の上級に位する地方團體であり、從つて府縣會の解散が一般地方行政上に及ぼす影響は市町村會解散の比でないから、府縣會の解散に付ては一層愼重なる手續を經なければならぬと認めたに依るものであらう。然しながら、府縣會の解散を命ずるや否やと云ふことは、畢竟地方行政監督上の問題であつて、自治監督權を有する機關がその責任に於て決行すべきものであり、その可否に付勅裁を請ふが如きは、却つて勅裁を行政運用の手段に利用することゝ爲り適當でない。依りて改正法に於ては、府縣會の解散に付ても勅裁を經るを要せざることに改められたのである。

二　解散後初めて招集する府縣會は所謂通常會にもあらず臨時會にもあらず特別の性質を有する府縣會であつて、府縣會の會期に關する一般原則を適用することを得ないから、この特別府縣會の會期は府縣知事に於てこれを定めることと爲つてゐる。所が現行法に於てはその會期を定むるに付、府縣知事は內務大臣の許可を受けねばならぬことにしてあるが、かやうな問題は府縣知事の自由裁量に一任して何等差支なき事項であるから、改正法に於ては、解散後の府縣會の會期決定に付ては府縣知事は內務大臣の許可を要せざることに改めたのである。（改正法・府縣制一三一・3）

第五　其の他の改正條項

以上各部門に付て述べたる改正條項以外に於て、今回の地方制度改正に際し、規定の改正を行つたものがある。これ等改正條項のうち主要なるものを一括し、改正條項に關する第五種としてその概略を述べて置きたいと思ふ。(仍ほ以下述ぶるもの以外に改正せられた條項も二三あるけれども、それは概ね單なる規定の整理位に止まるものであつて、法規の實質に變更を加へたものでないから、別段解説の必要なしと認めこれを省略する次第である。)

A　假投票の受理決定に關する特例

市制第三十九條ノ二の市に於ける市會議員選擧に付ては議員候補者屆出制度を採用せる結果、選擧に於ける各種の立會人に付ても、市制に於ける一般原則に對し特例を設け、各種立會人たるべき者は議員候補者より屆出づべきものとされてゐる。従つて各種立會人の職務權限に付ても一様に市制の一般原則に對し特例を設くるの必要がある。現行法に於てはその特例を設け得べき條項は市制第三十九條ノ二に列擧し、この授權に基き、市制町村制施行令に於て市制の一般原則に對する特例を規定してゐるのである。然るにその特例を見るに、投票立會人開票立會人又は選擧立會人は議員候補者より屆出づるものなるが故に、投票の拒否又は投票の效力決定に關する立會人の權限に付ては、これを投票分會長開票立會人又は選擧長の諮問機關とし、投票の拒否は投票立會人の意見を聽き投票分會長之を決し、投票の效力は開票立會人又は選擧立會人の意見を聽き開票分會長又は選擧長之を決すべきものとし、市會議員選擧に於ける一般原則(卽ち立會人の多數決を以て投票の拒否又は效力を決する主義)に對する特例を設けてゐるのである。(市制町村制施行令二四、二六)然るに之と同様の性質を有する假投票の受理如何の決定に付ては現行法は何等特例を認めず、從つて市制第三十九條ノ二の市に於ても、假投票の受理如何のみは、一般の原則に從ひ選擧立會人又は開票立會人之を決し、可否同數なるときは開票分會長又は選擧長之を決するの外はない。(市制二七ノ二・2、市制町村制施行令二〇）然しながら斯の如きは議員候補者届出制度を採る市に關し特例を認めんとする趣旨に於てその一貫を缺き、制度上權衡を失するの誹を免れ難い。而もこのことたるや、畢竟現行市制第三十九條ノ二に於て、勅令を以て特例を設け得るものとして指定せる條項中に、市制第二十七條ノ二第二項を加へざりし結果に外ならないのであるから、今回市制を改正する機會に於て、同條中に「第二十七條ノ二第二項」を加へ、これに依り市制町村制施行令中に「假投票ノ受理如何ハ選擧立會人又ハ開票立會人ノ意見ヲ聽キ選擧長又ハ開票分會長之ヲ決スベシ」との特例を設け、假投票の受理如何の決定に付ても、投票の拒否及投票の效力決定に於けると同樣、立會人の權限はこれを諮問機關たらしむることに改めたのである。

B　府縣會議員の會議參與權に關する規定の整理

府縣會議員の職に在る者が被選擧權を有せざるときまたは府縣との間に請負

關係を生じたならば、議員の職を失ふのであるが、その失格原因の存否に付ては府縣參事會がこれを決定することになつてゐる。(裁判所の判決に依り被選擧權を喪失する場合はこの決定を要せず當然失格する) さうして若しこの參事會の決定に對し不服があるならば行政訴訟を提起することを得しめてゐるのである。そこで被選擧權を有せずとの決定又は請負關係ありとの決定を受けた者が、その決定に對し訴訟を提起し得る期間及訴訟提起後判決ある迄は、該決定は未確定の狀態に在る譯であるが、斯かる期間內その議員が府縣會の會議に參與し得るや否やに付疑義がある。依りて現行府縣制は「府縣會議員ハ其ノ被選擧權ヲ有セストスル決定確定シ又ハ判決アル迄ハ會議ニ參與スルノ權ヲ失ハス」(府縣制三七・8)と規定し、いよいよ失格が確定するまでは會議に參與し得ることを明示してゐるのである。所が偶々この規定は被選擧權を有せずとする決定に關する場合に付てのみ設けられ、請負關係の有無に關する決定ありたる場合に付ては全く言及してゐないが爲、成程被選擧權なしとの決定を受けた者は、その決定確定しまたは判決あるまで會議に參與し得ることを保障せられてゐるが、之に反し、請負關係を生じたるの故を以て失格の決定を受けたる者に對しては全くかゝる救濟規定を存してゐないのであるから、その者は會議に參與することを得ずと解さなければならぬではないかとの反對解釋を爲す者がある。自分の見る所を以てすれば、斯の如き解釋は容易に起り得ないことゝ確信してゐる。卽ち元來府縣制第三十七條第八項の如き規定は創設規定にあらず單なる解釋規定であると認むべき理由も多く存するのであるが、假りにこれを創設規定なりとするも、斯かる場合にこの規定に付て反對解釋を爲し、被選擧權なしとの決定を受けたる者に付ては特別規定を存するが故に、その者は會議に參與し得るも、請負關係ありとの決定を受けたる者に付ては特別規定なきを以て會議に參與することを得ずと解するは、解釋として極めて妥當を缺ぐと云はねばならぬ。蓋し同樣の法律關係に立つ場合に付て、旣に府縣制に於て第三十七條第八項あり、第三十四條第八項あり、且市町村會議員が請負關係ありとの決定を受くるもその決定確定せず又は訴願訴訟繫屬中は會議に參與し得との規定（市制三八・6、町村制三五・6）存する以上、府縣會議員にして府縣との間に請負關係ありとの決定を受けたる者も、その決定確定し又は判決ある迄は會議に參與し得るものと類推解釋すべきが當然であると考へられる。これを文理に捉はれ反對解釋を爲すが如きは、偏狹にして徒に奇を好む解釋に過ぎぬと思ふが、兎も角も斯樣に反對解釋を容るゝの餘地を存することは、規定としては不備を免れず、殊にその解釋如何に依りては議會の構成及議事の適法違法の問題を生ずる等、重要なる結果を齎すべきを以て、今回地方制度改正の機會に於て、被選擧權なしとの決定ありたる場合のみならず、請負關係ありとの決定を受けた者も、その決定確定し又は判決あるまでは、會議に參與するの權を失はざることを明示する爲規定の改正を行つたのである。而して改正規定が以上の場合に「第三十四條第八項」の規定を準用することゝしたのは、同規定は、選擧又は當選の效力に關する決定確定し又は判決ある迄は、議員として會議に參與するの權を失はざる旨の規定であるから、この規定を準用すれば、上述二種の場合を通じ會議に參與するの權を失はざることゝなるからである。

C　懲戒解職者就職制限の範圍擴張

一　現行府縣制に依れば、懲戒に依り解職せられたる者は「二年間其ノ府縣」の公職に選擧せられ又は任命せらるゝことを得ずとし、現行市制町村制の規定に依れば、懲戒に依り解職せられたる者は「二年間市町村」の公職に選擧せられ又は任命せらるゝことを得ずとされてゐる。府縣と市町村とに依り以上の如く多少の相異を存してゐるが、解職者に對し、ある範圍に於て公職に就くことを禁ぜんとする精神に至りては同樣である。而してこの精神を擴充して考ふるときは、畢竟懲戒解職を受けた者の如きは、自治の公務に參與することを不適當と認め、一定の年限自治體の公務より排除せんとするに外ならないのであるから、この精神を徹底するならば或は「その府縣」と云ひ又は「市町村」と云ふが如くその範圍を局限せず、寧ろ解職者は府縣市町村其の他之に準ずる公共團體の公務に參與せしめざることゝするのが適當であると思ふ。先年衆議院議員選擧法の改正に當り、選擧犯罪者は獨り衆議院議員の選擧權及被選擧權のみならず「選擧に付衆議院議員選擧法の罰則を準用する議會」の議員の選擧權及被選擧權を總て喪失せしむることゝしたのは、畢竟選擧行爲に關係して不正を働きたる者は、一定の年限の間同種の選擧行爲の總てに參與せしめざることゝするを合理的と認めた結果に外ならぬ。而してこの理論は懲戒解職者に對する公務就職制限に付ても同樣であると思ふ。依りて今回の改正に於ては、北海道、府縣又は市町村に於て懲戒解職の處分を受けた者は夫れぞれ二年間北海道、府縣、市町村其の他之に準ずべき公共團體の公職に就くことを得ざらしむることに改めた。從つて將來に於ては以上何れかの自治體に於て懲戒解職を受けた者は、それより二年間その自治體及其の他以上列擧の自治體總ての公職に就くことを禁止せらるることゝ爲つた譯である。

二　改正法に於て北海道府縣市町村に準ずべきものと云ふは、例へば北海道一級町村、北海道二級町村、島嶼町村制に依る町村、町村組合、市町村組合、市制第六條ノ市ノ區、市町村の一部(即ち財產區)府縣組合等を指稱するものであり、また改正法に於て從來「公職ニ選擧セラレ又ハ任命セラルルコトヲ得ス」と規定してゐたのを、特に「公職ニ就クコトヲ得ズ」と規定を改めたのは、これ等自治體の公職には選擧に依るもの(例へば市町村長、府縣會議員、市町村會議員)または任命に依るもの(例へば市町村下級有給吏員、府縣有給吏員)のみならず、市町村長の推薦に依り市町村會に於て決定するもの(例へば市參與、市町村の助役、收入役、副收入役、名譽職區長及其の代理者、委員)あり、また屆出に依るもの(例へば投票立會人、開票立會人、選擧立會人)等を存するが故に、總てこれ等の公職を包含せしむる趣旨を以て、特に「公職ニ就クコトヲ得ズ」と定むることゝしたのである。(但し現行法の規定でも、推薦決定又は屆出に依る公職も亦包含するものと類推解釋すべきものであるが、今回の改正はかゝる不明確なる點を規定の上に明瞭ならしめたに過ぎない。)

三　仍ほ解職處分に關連して一言することを要するは、市長の解職手續に變更を加へたことである。現行市制に於ては市長の解職に付ては特に勅裁を經なければならぬことゝなつてゐるが、(市制一七〇・i)獨り市長の解職に付てのみ勅裁を要することゝする必要は今日に於ては全く消滅した。惟ふに市長の解職に付てこの特別手續を存したのは、大正十五年の市制改正前に於ては市長の選擧には勅裁を必要としてゐたことに由來するものである。それ故に市長の就職に勅裁を要せざることゝ爲つた今日に於て、仍ほ且その解職に付てのみ勅裁を要することとしてゐるのは、全くその理由を發見するに苦しむ次第である。依りて今回の改正に於ては、市長の解職處分も亦府縣知事に於てこれを專行し得ることゝし、從つて他の市町村吏員に對する解職處分と同樣、市長の解職處分に付ても內務大臣に訴願することを得ることゝしたのである。（改正市制一七〇・1 4）

地方制度改正大意　終

地方制度改正大意奥附

非賣品

昭和四年六月五日印刷
昭和四年六月十日發行
昭和四年六月十五日再版發行
昭和四年六月三十日三版發行

著作者 挾間茂
發行者 良書普及會
代表者 河中俊四郎
東京市小石川區水道町四七
印刷者 鷲見九市
東京市牛込區加賀町一ノ一二
印刷所 株式會社秀英舍

發行所 良書普及會
東京市小石川區水道町四十七番地
振替口座東京六四四九番
電話小石川 {一〇三五番 六四三四番}

地方自治法研究復刊大系〔第252巻〕

地方制度改正大意〔昭和4年 第3版〕

日本立法資料全集 別巻 1062

2018(平成30)年8月25日　復刻版第1刷発行　7662-6:012-010-005

著者　挟間　茂
発行者　今井　貴
稲葉　文子
発行所　株式会社信山社

〒113-0033 東京都文京区本郷6-2-9-102東大正門前
Ⓣ03(3818)1019　Ⓕ03(3818)0344
来栖支店〒309-1625 茨城県笠間市来栖2345-1
Ⓣ0296-71-0215　Ⓕ0296-72-5410
笠間才木支店〒309-1611 笠間市笠間515-3
Ⓣ0296-71-9081　Ⓕ0296-71-9082
印刷所　ワイズ書籍
製本所　カナメブックス
用紙　七洋紙業

printed in Japan　分類 323.934 g 1062

ISBN978-4-7972-7662-6 C3332 ¥22000E

日本立法資料全集 別巻

地方自治法研究復刊大系

東京市会先例彙輯〔大正11年6月発行〕／八田五三 編纂
市町村国税事務取扱手続〔大正11年8月発行〕／広島財務研究会 編纂
自治行政資料 斗米遺粒〔大正12年6月発行〕／樫田三郎 著
市町村大字読方名彙 大正12年度版〔大正12年6月発行〕／小川琢治 著
地方自治制要義 全〔大正12年7月発行〕／末松偕一郎 著
北海道市町村財政便覧 大正12年初版〔大正12年8月発行〕／川西輝昌 編纂
東京市政論 大正12年初版〔大正12年12月発行〕／東京市政調査会 編輯
帝国地方自治団体発達史 第3版〔大正13年3月発行〕／佐藤亀齢 編輯
自治制の活用と人 第3版〔大正13年4月発行〕／水野錬太郎 述
改正 市制町村制逐條示解〔改訂54版〕第一分冊〔大正13年5月発行〕／五十嵐鑛三郎 他 著
改正 市制町村制逐條示解〔改訂54版〕第二分冊〔大正13年5月発行〕／五十嵐鑛三郎 他 著
台湾 朝鮮 関東州 全国市町村便覧 各学校所在地 第一分冊〔大正13年5月発行〕／長谷川好太郎 編纂
台湾 朝鮮 関東州 全国市町村便覧 各学校所在地 第二分冊〔大正13年5月発行〕／長谷川好太郎 編纂
市町村特別税之栞〔大正13年6月発行〕／三邊長治 序文 水谷平吉 著
市制町村制実務要覧〔大正13年7月発行〕／梶康郎 著
正文 市制町村制 並 附属法規〔大正13年10月発行〕／法曹閣 編輯
地方事務叢書 第三編 市町村公債 第3版〔大正13年10発行〕／水谷平吉 著
市町村大字読方名彙 大正14年度版〔大正14年1月発行〕／小川琢治 著
通俗財政経済体系 第五編 地方予算と地方税の見方〔大正14年1月発行〕／森田久 編輯
市制町村制実例総覧 完 大正14年第5版〔大正14年1月発行〕／近藤行太郎 主纂
町村会議員選挙要覧〔大正14年3月発行〕／津田東璋 著
実例判例文例 市制町村制総覧〔第10版〕第一分冊〔大正14年5月発行〕／法令研究会 編纂
実例判例文例 市制町村制総覧〔第10版〕第二分冊〔大正14年5月発行〕／法令研究会 編纂
町村制要義〔大正14年7月発行〕／若槻禮次郎 題字 尾崎行雄 序文 河野正義 述
地方自治之研究〔大正14年9月発行〕／及川安二 編輯
市町村 第1年合本 第1号-第6号〔大正14年12月発行〕／帝國自治研究会 編輯
市制町村制 及 府県制〔大正15年1月発行〕／法律研究会 著
農村自治〔大正15年2月発行〕／小橋一太 著
改正 市制町村制示解 全 附録〔大正15年5月発行〕／法曹研究会 著
市町村民自治読本〔大正15年6月発行〕／武藤榮治郎 著
改正 地方制度輯覧 改訂増補第33版〔大正15年7月発行〕／良書普及会 編著
市制町村制 及 関係法令〔大正15年8月発行〕市町村雑誌社 編輯
改正 市町村制義解〔大正15年9月発行〕／内務省地方局 安井行政課長 校閲 内務省地方局 川村芳次 著
改正 地方制度解説 第6版〔大正15年9月発行〕／挟間茂 著
地方制度之栞 第83版〔大正15年9月発行〕／湯澤睦雄 著
改訂増補 市制町村制逐條示解〔改訂57版〕第一分冊〔大正15年10月発行〕／五十嵐鑛三郎 他 著
実例判例 市制町村制釈義 大正15年再版〔大正15年9月発行〕／梶康郎 著
改訂増補 市制町村制逐條示解〔改訂57版〕第二分冊〔大正15年10月発行〕／五十嵐鑛三郎 他 著
註釈の市制と町村制 附 普通選挙法 大正15年初版〔対照5年11月発行〕／法律研究会 著
実例町村制 及 関係法規〔大正15年12月発行〕自治研究会 編纂
改正 地方制度通義〔昭和2年6月発行〕／荒川五郎 著
逐条示解 地方税法 初版〔昭和2年9月発行〕／自治館編輯局 編著
註釈の市制と町村制 附 普通選挙法〔昭和3年1月発行〕／法律研究会 著
註釈の市制と町村制 施行令他関連法収録〔昭和4年4月発行〕／法律研究会 著
地方制度改正大意 第3版〔昭和4年6月発行〕／狭間茂 著
改正 市制町村制 並ニ 府県制 初版〔昭和4年10月発行〕／法律研究会 編
実例判例 市制町村制釈義 第4版〔昭和4年5月発行〕／梶康郎 著
新旧対照 市制町村制 並 附属法規〔昭和4年7月発行〕／良書普及会 著
市町村予算の見方 初版〔昭和5年3月発行〕／西野喜興作 著
改正 市制町村制解説〔昭和5年11月発行〕／挟間茂 校 土谷覺太郎 著
加除自在 参照條文附 市制町村制 附 関係法規〔昭和6年5月発行〕／矢島和三郎 編纂
改正版 市制町村制 並ニ 府県制 及ビ重要関係法令〔昭和8年1月発行〕／法制堂出版 著
改正版 註釈の市制と町村制 最近の改正を含む〔昭和8年1月発行〕／法制堂出版 著
市制町村制 及 関係法令 第3版〔昭和9年5月発行〕／野田千太郎 編輯
実例判例 市制町村制釈義 昭和10年改正版〔昭和10年9月発行〕／梶康郎 著
改訂増補 市制町村制実例総覧 第一分冊〔昭和10年10月発行〕／良書普及会 編纂
改訂増補 市制町村制実例総覧 第二分冊〔昭和10年10月発行〕／良書普及会 編

日本立法資料全集 別巻

地方自治法研究復刊大系

改正 市制町村制講義 第4版〔明治43年6月発行〕／土清水幸一 著
地方自治の手引〔明治44年3月発行〕／前田宇治郎 著
新旧対照 市制町村制 及 理由 第9版〔明治44年4月発行〕／荒川五郎 著
改正 市制町村制 附 改正要義〔明治44年4月発行〕／田山宗堯 編輯
改正 市町村制問答説明 明治44年初版〔明治44年4月発行〕／一木千太郎 編纂
改正 市制町村制〔明治44年4月発行〕／田山宗堯 編輯
旧制対照 改正市町村制 附 改正理由〔明治44年5月発行〕／博文館編輯局 編
改正 市制町村制〔明治44年5月発行〕／石田忠兵衛 編輯
改正 市制町村制詳解〔明治44年5月発行〕／坪谷善四郎 著
改正 市制町村制註釈〔明治44年5月発行〕／中村文城 註釈
改正 市制町村制正解〔明治44年6月発行〕／武知彌三郎 著
改正 市町村制講義〔明治44年6月発行〕／法典研究会 著
新旧対照 改正 市制町村制新釈 明治44年初版〔明治44年6月発行〕／佐藤貞雄 編纂
改正 町村制詳解〔明治44年8月発行〕／長峰安三郎 三浦通太 野田千太郎 著
新旧対照 市制町村制正文〔明治44年8月発行〕自治館編輯局 編纂
地方革新講話〔明治44年9月発行〕西内天行 著
改正 市制町村制釈義〔明治44年9月発行〕／中川健藏 宮内國太郎 他 著
改正 市制町村制正解 附 施行諸規則〔明治44年10月発行〕／福井淳 著
改正 市制町村制講義 附 施行諸規則 及 市町村事務摘要〔明治44年10月発行〕／樋山廣業 著
新旧比照 改正市制町村制註釈 附 改正北海道二級町村制〔明治44年11月発行〕／植田鹽惠 著
改正 市町村制 並 附属法規〔明治44年11月発行〕／楠綾雄 編輯
改正 市制町村制精義 全〔明治44年12月発行〕／平田東助 題字 梶康郎 著述
改正 市制町村制義解〔明治45年1月発行〕／行政法研究会 講述 藤田謙堂 監修
増訂 地方制度之栞 第13版〔明治45年2月発行〕／警眼社編集部 編纂
地方自治 及 振興策〔明治45年3月発行〕／床次竹二郎 著
改正 市制町村制正解 附 施行諸規則 第7版〔明治45年3月発行〕福井淳 著
改正 市制町村制講義 全 第4版〔明治45年3月発行〕秋野沆 著
増訂 農村自治之研究 大正2年第5版〔大正2年6月発行〕／山崎延吉 著
自治之開発訓練〔大正元年6月発行〕／井上友一 著
市制町村制逐條示解〔初版〕第一分冊〔大正元年9月発行〕／五十嵐鑛三郎 他 著
市制町村制逐條示解〔初版〕第二分冊〔大正元年9月発行〕／五十嵐鑛三郎 他 著
改正 市町村制問答説明 附 施行細則 訂正増補3版〔大正元年12月発行〕／平井千太郎 編纂
改正 市制町村制註釈 附 施行諸規則〔大正2年3月発行〕／中村文城 註釈
改正 市町村制正文 附 施行法〔大正2年5月発行〕／林甲子太郎 編輯
増訂 地方制度之栞 第18版〔大正2年6月発行〕／警眼社 編集 編纂
改正 市制町村制詳解 附 関係法規 第13版〔大正2年7月発行〕／坪谷善四郎 著
改正 市制町村制 第5版〔大正2年7月発行〕／修学堂 編
細密調査 市町村便覧 附 分類官公衙公私学校銀行所在地一覧表〔大正2年10月発行〕／白山榮一郎 監修 森田公美 編著
改正 市制 及 町村制 訂正10版〔大正3年7月発行〕／山野金蔵 編輯
市制町村制正義〔第3版〕第一分冊〔大正3年10月発行〕／清水澄 末松偕一郎 他 著
市制町村制正義〔第3版〕第二分冊〔大正3年10月発行〕／清水澄 末松偕一郎 他 著
改正 市制町村制 及 附属法令〔大正3年11月発行〕／市町村雑誌社 編著
以呂波引 町村便覧〔大正4年2月発行〕／田山宗堯 編輯
改正 市制町村制講義 第10版〔大正5年6月発行〕／秋野沆 著
市制町村制実例大全〔第3版〕第一分冊〔大正5年9月発行〕／五十嵐鑛三郎 著
市制町村制実例大全〔第3版〕第二分冊〔大正5年9月発行〕／五十嵐鑛三郎 著
市町村名辞典〔大正5年10月発行〕／杉野耕三郎 編
市町村吏員提要 第3版〔大正6年12月発行〕／田邊好一 著
改正 市制町村制と衆議院議員選挙法〔大正6年2月発行〕／服部喜太郎 編輯
新旧対照 改正 市制町村制新釈 附 施行細則 及 執務條規〔大正6年5月発行〕／佐藤貞雄 編纂
増訂 地方制度之栞 大正6年第44版〔大正6年5月発行〕／警眼社編輯部 編纂
実地応用 町村制問答 第2版〔大正6年7月発行〕／市町村雑誌社 編纂
帝国市町村便覧〔大正6年9月発行〕／大西林五郎 編
地方自治講話〔大正7年12月発行〕／田中四郎左右衛門 編輯
最近検定 市町村名鑑 附 官国幣社及諸学校所在地一覧〔大正7年12月発行〕／藤澤衛彦 著
農村自治之研究 明治41年再版〔明治41年10月発行〕／山崎延吉 著
市制町村制講義〔大正8年1月発行〕／樋山廣業 著
改正 町村制詳解 第13版〔大正8年6月発行〕／長峰安三郎 三浦通太 野田千太郎 著
改正 市町村制註釈〔大正10年6月発行〕／田村浩 編集
大改正 市制 及 町村制〔大正10年6月発行〕／一書堂書店 編
市制町村制 並 附属法 訂正再版〔大正10年8月発行〕／自治館編集局 編纂
改正 市町村制詳解〔大正10年11月発行〕／相馬昌三 菊池武夫 著
増補訂正 町村制詳解 第15版〔大正10年11月発行〕／長峰安三郎 三浦通太 野田千太郎 著
地方施設改良 訓諭演説集 第6版〔大正10年11月発行〕／鹽川玉江 編輯
戸数割規則正義 大正11年増補四版〔大正11年4月発行〕／田中廣太郎 著 近藤行太郎 著

信山社

日本立法資料全集 別巻

地方自治法研究復刊大系

仏蘭西邑法 和蘭邑法 皇国郡区町村編制法 合巻〔明治11年8月発行〕／箕作麟祥 閲 大井憲太郎 譯／神田孝平 譯
郡区町村編制法 府県会規則 地方税規則 三法綱論〔明治11年9月発行〕／小笠原美治 編輯
郡吏議員必携三新法便覧〔明治12年2月発行〕／太田啓太郎 編輯
郡区町村編制 府県会規則 地方税規則 新法例纂〔明治12年3月発行〕／柳澤武運三 編輯
全国郡区役所位置 郡政必携 全〔明治12年9月発行〕／木村陸一郎 編輯
府県会規則大全 附 裁定録〔明治16年6月発行〕／朝倉達三 閲 若林友之 編輯
区町村会議要覧 全〔明治20年4月発行〕／阪田辨之助 編纂
英国地方制度 及 税法〔明治20年7月発行〕／良保両氏 合著 水野遵 翻訳
鼇頭傍訓 市制町村制註釈 及 理由書〔明治21年1月発行〕／山内正利 註釈
英国地方政治論〔明治21年2月発行〕／久米金彌 翻譯
市制町村制 附 理由書〔明治21年4月発行〕／博聞本社 編
傍訓 市町村制及説明〔明治21年5月発行〕／高木周次 編纂
鼇頭註釈 市町村制俗解 附 理由書 第2版〔明治21年5月発行〕／清水亮三 註解
市制町村制註釈 完 附 市制町村制理由 明治21年初版〔明治21年5月発行〕／山田正賢 著述
市町村制詳解 全 附 市町村制理由〔明治21年5月発行〕／日鼻豊作 著
市制町村制釈義〔明治21年5月発行〕／壁谷可六 上野太一郎 合著
市制町村制詳解 全 附 理由書〔明治21年5月発行〕／杉谷庸 訓點
町村制詳解 附 市制及町村制理由〔明治21年5月発行〕／磯部四郎 校閲 相澤富蔵 編述
傍訓 市制町村制 附 理由〔明治21年5月発行〕／鶴聲社 編
市制町村制 並 理由書〔明治21年7月発行〕／萬字堂 編
市制町村制正解 附 理由〔明治21年6月発行〕／芳川顯正 序文 片貝正晉 註解
市制町村制釈義 附 理由書〔明治21年6月発行〕／清岡公張 題字 樋山廣業 著述
市制町村制釈義 附 理由 第5版〔明治21年6月発行〕／建野郷三 題字 櫻井一久 著
市町村制註解 完〔明治21年6月発行〕／若林市太郎 編輯
市町村制釈義 全 附 市町村制理由〔明治21年7月発行〕／水越成章 著述
市制町村制義解 附 理由〔明治21年7月発行〕／三谷軌秀 馬袋鶴之助 著
傍訓 市制町村制註解 附 理由書〔明治21年8月発行〕／鯰江貞雄 註解
市制町村制註釈 附 市制町村制理由 3版増訂〔明治21年8月発行〕／坪谷善四郎 著
傍訓 市制町村制 附 理由書〔明治21年8月発行〕／同盟館 編
市町村制正解 明治21年第3版〔明治21年8月発行〕／片貝正晉 註釈
市制町村制註釈 完 附 市制町村制理由 第2版〔明治21年9月発行〕／山田正賢 著述
傍訓註釈 日本市制町村制 及 理由書 第4版〔明治21年9月発行〕／柳澤武運三 註解
鼇頭参照 市町村制註解 完 附 理由書及参考諸令〔明治21年9月発行〕／別所富貴 著述
市町村制問答詳解 附 理由書〔明治21年 9 月発行〕／福井淳 著
市制町村制註釈 附 市制町村制理由 4版増訂〔明治21年9月発行〕／坪谷善四郎 著
市制町村制 並 理由書 附 直接間接税類別 及 実施手続〔明治21年10月発行〕／高崎修助 著述
市町村制釈義 附 理由書 訂正再版〔明治21年10月発行〕／松木堅葉 訂正 福井淳 釈義
増訂 市制町村制註解 全 附 市制町村制理由挿入 第3版〔明治21年10月発行〕／吉井太 註解
鼇頭註釈 市町村制俗解 附 理由書 増補第5版〔明治21年10月発行〕／清水亮三 註解
市町村制施行取扱心得 上巻・下巻 合冊〔明治21年10月・22年2月発行〕／市岡正一 編纂
市制町村制傍訓 完 附 市制町村制理由 第4版〔明治21年10月発行〕／内山正如 著
鼇頭対照 市町村制解釈 附理由書及参考諸布達〔明治21年10月発行〕／伊藤寿 註釈
市制町村制俗解 明治21年第3版〔明治21年10月発行〕／春陽堂 編
市町村制正解 明治21年第4版〔明治21年10月発行〕／片貝正晉 註釈
市制町村制詳解 附 理由 第3版〔明治21年11月発行〕／今村長善 著
町村制実用 完〔明治21年11月発行〕／新田貞橘 鶴田嘉内 合著
町村制精解 完 附 理由書 及 問答録〔明治21年11月発行〕／中目孝太郎 磯谷群爾 註釈
市町村制問答詳解 附 理由 全〔明治22年1月発行〕／福井淳 著述
訂正増補 市町村制問答詳解 附 理由 及 追輯〔明治22年1月発行〕／福井淳 著
市町村制質問録〔明治22年1月発行〕／片貝正晉 編述
傍訓 市町村制 及 説明 第7版〔明治21年11月発行〕／高木周次 編纂
町村制要覧 全〔明治22年1月発行〕／浅井元 校閲 古谷省三郎 編纂
鼇頭 市制町村制 附 理由書〔明治22年1月発行〕／生稲道蔵 略解
鼇頭註釈 町村制 附 理由 全〔明治22年2月発行〕／八乙女盛次 校閲 片野続 編釈
市町村制実解〔明治22年2月発行〕／山田顕義 題字 石黒磐 著
町村制実用 全〔明治22年3月発行〕／小島鋼次郎 岸野武司 河毛三郎 合述
実用詳解 町村制 全〔明治22年3月発行〕／夏目洗蔵 編集
理由挿入 市町村制俗解 第3版増補訂正〔明治22年4月発行〕／上村秀昇 著
町村制市制全書 完〔明治22年4月発行〕／中嶋廣蔵 著
英国市制実見録 全〔明治22年5月発行〕／高橋達 著
実地応用 町村制質疑録〔明治22年5月発行〕／野田籐吉郎 校閲 國吉拓郎 著
実用 町村制市制事務提要〔明治22年5月発行〕／島村文耕 輯解
市町村条例指鍼 完〔明治22年5月発行〕／坪谷善四郎 著
参照比較 市町村制註釈 完 附 問答理由〔明治22年6月発行〕／山中兵吉 著述
市町村議員必携〔明治22年6月発行〕／川瀬周次 田中迪三 合著

信山社